Uwe Timm
Der Verrückte in den Dünen

AF178797

Uwe Timms literarisches und essayistisches Werk zeigt seine stete Auseinandersetzung mit Utopien. In diesem Band geht er auf inspirierende wie kluge Weise der Frage nach, welch philosophische, künstlerische und gesellschaftlich gestaltende Kraft der utopische Gedanke heute noch entfaltet.

»Im Sessel oder auf der Bank sitzend, wandeln wir mit Leopold Bloom durch Dublin oder mit Franz Biberkopf durch das Berlin der Zwanzigerjahre. Literatur ist der ou tópos, der Nicht-Ort. Die Utopie ist der unwirkliche Ort. Und dieser Nicht-Ort hat eine Kraft, die aus seinem Nicht kommt, sie fragt nach dem Was, dem Wann und dem Woher. Kein Ort nirgends. Aber der Geist duldet keine Leere, wie nach Aristoteles die Natur keine Leere kennt.«

Uwe Timm, 1940 in Hamburg geboren, studierte Philosophie und Germanistik in München und Paris, nach seiner Promotion auch Soziologie und Volkswirtschaftslehre. Den Aufbruch Ende der sechziger Jahre erlebte er als Student aktiv mit, die Aufarbeitung dieser Zeit zieht sich durch sein gesamtes Werk. Es wurde vielfach ausgezeichnet, u.a. mit dem Großen Literaturpreis der Bayerischen Akademie der Schönen Künste und dem Tukan-Preis (2001), dem Schubart-Literaturpreis (2003) sowie dem Heinrich-Böll-Preis (2009). 2013 wurde ihm der Kulturelle Ehrenpreis der Landeshauptstadt München verliehen, 2018 der Schillerpreis und das Bundesverdienstkreuz. Neben seinen Erzählungen und Romanen verfasste er Kinder- und Jugendbücher und arbeitete als Drehbuchautor. Uwe Timm lebt in München und Berlin.

Uwe Timm

Der Verrückte in den Dünen

Über Utopie und Literatur

dtv

Quellennachweise:
Augusto Roa Bastos: *ICH der Allmächtige. Roman.*
Aus dem Spanischen von Elke Wehr.
Frankfurt am Main 2000.
Thomas Morus: *UTOPIA.* Aus dem Lateinischen
von Jacques Laager. München 2018.
Ernst Bloch: *Das Prinzip Hoffnung.*
Frankfurt am Main 1973.
Jürgen Deppe & ODEM: *ODEM: ON THE RUN.*
Berlin 2015.

Das gesamte Werk von *Uwe Timm* ist bei dtv lieferbar.

2022 dtv Verlagsgesellschaft mbH & Co. KG, München
Lizenzausgabe mit Genehmigung des Verlages
Kiepenheuer & Witsch
© 2020, Verlag Kiepenheuer & Witsch, Köln
Umschlaggestaltung: dtv nach einem Entwurf
von Rudolf Linn, Köln
Satz: C.H.Beck.Media.Solutions, Nördlingen
Satz nach einer Vorlage von Buch-Werkstatt GmbH, Bad Aibling
Druck und Bindung: Druckerei C.H.Beck, Nördlingen
Printed in Germany · ISBN 978-3-423-14848-1

Inhalt

Vorwort

Was dieses Buch nicht will und nicht sein kann: eine systematische oder historische Untersuchung der Utopie. Versammelt sind darin persönliche Beobachtungen, Fundstücke, Fragen, die, aus einem frühen Interesse kommend, darauf gerichtet sind, an welchen Orten sich andere, sagen wir bessere, also gerechtere, freiere, lustvollere Möglichkeiten des Zusammenlebens finden.

Wahrscheinlich war es im Jahr 1948, als mehrere Romafamilien für einige Wochen im zerstörten Hamburg ihre Zelte am Isebekkanal aufschlugen. Die Kinder liefen barfuß im Herbst umher und bildeten eine eingeschworene balgende Gemeinschaft, die einen Affen mit sich führte, der uns Kindern auf Zuruf die Mützen vom Kopf riss und damit in den Zelten verschwand. Die Romakinder mussten nicht in die Schule gehen und wurden offensichtlich für ihr Tun von ihren Eltern nicht gezüchtigt. Das schien mir, dem Kind, damals ein wünschenswert abenteuerliches Zusammenleben zu sein.

Später hat sich dieser Wunsch durch Lektüre und Berichte relativiert. Die Frage kam hinzu, woher kamen die Familien und wohin zogen sie? Und abermals später, wie waren sie den Mordlagern entkommen?

Es sind die so ganz anderen Modelle gemeinschaftlichen Lebens, die dazu führen, den Blick auf unsere Leben zurückzuwerfen und es als fragwürdig erscheinen zu lassen. Auch dann, wenn die Antwort darauf lautet, es sei doch recht behaglich. Was damals allerdings in den Trümmern, dem Hunger und der Kälte nicht der Fall war. Sicherlich war es für die in Zelten Lebenden noch weit ungemütlicher, aber sie konnten und wollten weiterziehen, wohin auch immer. Das war faszinierend.

Wo andere Formen des Zusammenlebens sichtbar werden, bilden sie eine Gegenwirklichkeit. Einen Nicht-Ort im Vergleich zu dem, an dem wir leben. Andere Welten scheinen auf, nicht unähnlich dem Konjunktiv. Die Literatur bringt in der Sprache solche Gegenwelten, die einen nicht realen Ort haben, hervor, insofern ist sie utopisch.

Momentan erscheint die Welt, die kapitalistische, mit der Verarmung vieler und dem sich unermesslich steigernden Reichtum weniger, mit Finanzkrisen, elektronischer Ausspähung, mit Kriegen, mit der Aufkündigung von Verträgen über Waffenbegrenzungen, mit Massenflucht, Rassismus und dem Erstarken nationaler und faschistischer Bewegungen, mit all den Überschwemmungen, Waldbränden, großen Dürren, an einigen Stellen vielleicht reparierbar, aber zugleich erscheint ihr gegenwärtiger Zustand alternativlos. Daher all die Reden, Aufsätze, Erzählungen und Romane, in denen Dystopien beschrieben werden. Kleinlich wäre es, deren Urhebern vorzuhalten, dass sie gut saturiert den Untergang beschreiben. Die Apokalyptiker tun es, das wollen wir ihnen zugutehalten, aus Sorge oder Verzweiflung.

Braucht eine Politik, die bewusst Einfluss auf das gesellschaftliche und ökonomische Geschehen nehmen will und beides nicht allein dem Prinzip von Wachstum und Profit überlässt, eine Utopie? Die Frage stellte Ulrich Peltzer in einer Diskussion der Berliner Akademie zur heutigen Bedeutung von Karl Marx. Ich konnte sie nur stotternd beantworten. Darüber genauer nachzudenken, vielleicht auch Hinweise für mögliche Ansätze in der Wirklichkeit zu finden, war der Beweggrund, *Utopische Orte/Utopische Räume* zum Thema einer Poetikvorlesung im Tübinger Wintersemester 2018 zu nehmen.

Der Vortragstext wurde erweitert und ergänzt und ist unter dem Titel *Raumordnung* in dieses Buch aufgenommen worden. Hinzugekommen sind Kapitel, in denen die Biografie des Autors hineinspielt. Ein Beispiel für eine über Jahrzehnte sich hinziehende Bildung eines Staates aus dem Geist der Utopie ist Paraguay. Der Diktator Dr. José Gaspar Rodríguez de Francia, der europäischen Aufklärung verpflichtet, hatte diesen Staat ab 1816 durch eine Erziehungsdiktatur geformt, in der für damalige Verhältnisse ein erstaunliches Maß an Frieden, Gleichheit und Gerechtigkeit erreicht worden war – allerdings mit wachsender staatlicher Kontrolle und Repression. Nach dem Tod de Francias fiel das Land wieder in die Hände korrupter Militärs und Diktatoren, bis es in jüngster Zeit durch freie Wahlen zu einer, wenn auch prekären, Demokratie fand. Es gibt keinen linearen Prozess, weder in Richtung des Fortschritts noch auf eine Katastrophe zu. Am Beispiel Paraguays kann die Entwicklung zu einem zivilen Zusammenleben abgelesen werden, allerdings ist sie eher mit dem Zickzackkurs eines Geleitzugs zu vergleichen, der seine aufklärerische, emanzipative Fracht in die Zukunft bringen will. Aber über den Kurs muss geredet werden und auch darüber: Trägt das perfekte, streng rationale utopische Modell die Tendenz zur Dystopie schon in sich?

Vielleicht wäre nicht das Fragen nach der einen perfekten Utopie, sondern das nach einer Vielzahl nicht perfekter, aber erreichbarer Utopien ein Weg? Also das, was Ernst Bloch in seinem bewundernswerten

Das Prinzip Hoffnung als die konkrete Utopie bestimmt. Deren Ziel wäre eine Gesellschaft, die zu einem aufgeklärten, friedlichen Zusammenleben ohne religiöse oder weltanschauliche Bevormundung findet. Hinzukommen müsste das spielerisch Anarchische und vor allem die Lust zur Tat. So alternativlos ist die politische Wirklichkeit nicht.

Ein zunächst gönnerhaft belächeltes, wie aus der Zeit gefallenes Mädchen mit langen Zöpfen sitzt mit einem selbst gemalten Schild vor einer Mauer, hinter der die Macht residiert. Sie schwänzt am Freitag die Schule. Ein Regelverstoß. Sie sitzt am nächsten und am folgenden Freitag wieder vor der Mauer. Andere setzen sich neben sie, auch sie schwänzen die Schule. Nach Wochen schwänzen auch in anderen Städten Kinder den Unterricht, nach Monaten protestieren Hunderttausende Kinder auf der Welt für den Klimaschutz, für die Zukunft. Der Protest beschäftigt aufgestörte Politiker und enervierte Industriemanager. Das Ergebnis ist nicht revolutionär, aber immerhin werden die Mächtigen zum Handeln gezwungen. Hätte man diese Form des Schülerprotests und seine Wirkung vor zwei Jahren beschrieben, sie wäre als reine Utopie abgetan worden, so aber, durch die Tat, durch einen Verstoß gegen die Regel, konnte die reine Utopie zur konkreten werden.

Vieles fehlt in diesem Buch oder wird nur am Rand behandelt. Was darin versammelt ist, dafür passt das Wort Sammelsurium recht gut, dieser das Lateinische mit dem Niederdeutschen verbindende Ausdruck für ein stärkendes Reste- und gleichzeitig Festessen.

Der Verrückte in den Dünen

Zwei Männer gehen am Strand entlang, dort, wo der Sand noch feucht und fest ist. Zu ihrer Rechten ziehen sich die Dünen nach Süden. Hin und wieder trägt eine Böe den Schaum der auslaufenden Wellen herüber. Der eine, ein großer blondbärtiger Mann, schiebt an einer Metallstange ein Speichenrad vor sich her. In dem kleinen Kasten am Griff der Stange sind mit einem gleichmäßigen Klicken die Meter, die sie gehen, zu hören. Den Bärtigen begleitet ein junger Mann, man würde sagen Jüngling, hätte er nicht diesen gedrungenen kraftvollen Körperbau. Er trägt mehrere angespitzte Pflöcke auf der Schulter, in der Rechten hält er einen langen Holzhammer, wie ihn Zimmerleute benutzen, wenn sie Dübel in Balken treiben oder Bretter verfugen.

Sie gehen nun schon den dritten Tag den Strand entlang, und wie an den anderen beiden Tagen setzen sie sich zur Mittagszeit in den Sand und trinken aus den

Feldflaschen, die sie an Riemen um den Hals tragen. Sie essen ungesäuertes Brot. Der junge Mann schneidet Streifen von dem an der salzigen Luft getrockneten Rindfleisch ab und bietet dem älteren ein Stück an. Der schüttelt den Kopf. Der Gehilfe kann oder will nicht begreifen, dass der Bärtige in diesem Land der Rinder kein Fleisch essen mag. Sie sitzen nebeneinander und kauen und blicken über das Meer. Ihre Unterhaltung ist in der Einsamkeit aus Sand und Wind und Wasser meist nur ein Grunzen und ein Kopfnicken, demütig von dem Jungen, der auch gleich aufspringt, als der Bärtige sich erhebt und mit einer Handbewegung über das Meer weist, was wohl heißen soll, dass es weit ist und fischreich. Und der junge Mann nickt, und sein Murmeln heißt wohl: Ja.

Der Junge schultert die Holzpflöcke, nimmt den Hammer, und der Bärtige hebt das Gerät, die Stange und das Speichenrad auf. So gehen sie dahin nach Süden. Die Brandung bricht sich mit einem rhythmischen Dröhnen, der Bärtige prüft hin und wieder die Zahl in dem kleinen Kasten. Fast vier Stunden sind sie gegangen, als der Bärtige plötzlich stehen bleibt und auf den Boden zeigt.

Hier, ruft er, bis hierher reicht das Freiland. Und er macht abermals eine raumgreifende Handbewegung über Strand, Wasser und die Dünen. Und zum ersten Mal in diesen drei Tagen spricht er länger: Hier wird die Stadt sein, und sie wird den Namen tragen des Vaters.

Der Gehilfe sagt stockend: Profeta, so wird es sein.

Er wirft die Holzpfähle in den Sand und nimmt eine der Stangen, diejenige mit drei roten Ringen, bohrt sie ein wenig in den Sand und reicht den Hammer dem Bärtigen. Der schlägt mit fünf wuchtigen Schlägen den Grenzpfahl in den Boden.

Das ist der Gründungsmythos der Stadt Villa Gesell. 10 000 Meter mal 1600 Meter an der Atlantikküste Argentiniens, nördlich von Mar del Plata, südlich von Buenos Aires.

In der grünen, tausend Kilometer flachen Langeweile plötzlich heller Sand, Hügel, bewegt wie große Wellen, die sich ins Land schieben. Dieses Stück Dünenland hatte Carlos Gesell von einem Estanciero gekauft. Grund und Boden für eine Gemeinde, einen Ort, wo es keinen Alkohol und keinen Zins geben würde, hier sollten das Zuchtwahlrecht der Frau und die Freiwirtschaft gelten. Der Prophet hatte die Vorstellung von einem Seebad. Vor allem sollten die Hügel grün werden, belebt von Laub im Wind, dem silbrigen Flirren der Pappeln. Er wollte eine grüne Stadt am Meer gründen. Einen Ort mit Strahlkraft, im Diesseits ein friedliches Zusammenleben, ein weltliches Jerusalem, nicht Gott, sondern dem Menschen gefällig, wie der Bärtige seinem Gehilfen sagte, einem Russlanddeutschen aus einer Siedlung in Entre Ríos, dort, wo die von der Wolga Vertriebenen, altgläubig lutherische Bauern, sich niedergelassen hatten, Heinrich mit Namen, und nur langsam und mit Mühe kamen die harten deutschen Silben aus seinem Mund.

Sand, Hügel, kleine Mulden. Diese Landschaft war in einer nicht vorhersehbaren Richtung ständig in Bewegung. Wenn sie vom Gehen ruhten, beobachtete der Gehilfe, wie der feine helle, hin und wieder mit kleinen bläulichen, auch grünlichen Körnern durchsetzte Sand sich bewegte, ein ständiges Rieseln, wie ein Lebewesen. So schoben sich die Dünen langsam, aber beharrlich in das flache, bis zum Horizont reichende Weideland – die Pampa.

Warum nur, grübelte der Bauernbursche, hatte der Prophet nicht das Weideland gekauft, wo man Rinder grasen lassen konnte, Ziegen und Schafe? Warum diese Sandberge?

Der Bärtige blickte mit seinen blauen Augen über die Dünen und sprach: Dort werden Häuser stehen, werden Menschen leben, werden einmal Blumen, Bäume und Büsche wachsen.

Hier, in diesem Sand? Wo nur Salzwasser ist? Wie soll das gehen?

Sie standen und schwiegen.

Hier, antwortete der Bärtige und zeigte auf eine

Sandmulde hinter einem runden Hügelkamm, hier ist Wasser.

Sie schafften das Bohrgestänge in die Mulde und begannen an der angedeuteten Stelle zu bohren. In vier Meter Tiefe fanden sie in dem Sand eine große Wasserlinse. Der Bauernbursche trank und sagte: Es ist süß, Profeta.

Der Notar, der den Kaufvertrag in Madariaga beglaubigt hatte, nannte ihn nicht Prophet, sondern einen Verrückten. Und er sagte, nachdem er, um die Beglaubigung zu beschleunigen, mit einem guten Handgeld bestochen worden war: Des Menschen Wille ist sein Himmelreich. Cada rey manda en su reino.

Das Land, das der Verrückte von dem Estanciero gekauft hatte, war im Preis zwar günstig, aber dennoch wertlos. Allenfalls konnte man von hier Bausand verschicken. Aber das taten schon andere an anderen Dünen, und die Preise waren so niedrig, dass es sich nicht lohnte, Geld in ein Lastautomobil zu investieren, um den Sand in die Hauptstadt zu transportieren.

1648 Hektar hatte Don Carlos gekauft, den Hektar zu zweiundzwanzig Dollar. Der Notar wusste, das Geld war sauber, und auch wenn es nicht sauber gewesen wäre, hätte er den Vertrag beglaubigt. Das Geld kam aus dem Verkauf des vom Vater Silvio Gesell gegründeten Geschäfts, der *Casa Gesell* in Buenos Aires:

Kinderwagen, Schnuller, Sanitätsartikel, Öle zum Einreiben der Kleinkinder, Bauchbinden für Schwangere. Don Carlos hatte seinen Betriebsanteil an seinen Bruder verkauft. Anstatt das dank der hohen Geburtenrate florierende Geschäft zu erweitern und Dependancen in anderen Städten zu gründen und das Leben in Buenos Aires mit seiner Oper, seinen Theatern und Varietés zu genießen, war dieser in Jesuslatschen gekleidete Carlos Gesell, genannt der Prophet, dem ob seines ruhelosen Tatendurstes etwas typisch Deutsches nachgesagt wurde, in diese öden Sandberge gegangen. Auch war seine Frau mit ihren sechs Kindern ihm gefolgt, und mit ihr kamen seine beiden Halbschwestern Sonja und Dodo, beide noch im Kindesalter. Für sie hatte er ein Holzhaus vor den Dünen errichtet.

Vergilbt gewellte Fotos zeigen überbelichtet Carlos Gesell mit dem Bauernburschen. Sie arbeiten, zwei dunkle Schatten, gebückt auf dem hügeligen Sand.

Sie steckten Weidengeflechte um einen Piniensetzling in den Sand. Carlos Gesell hatte Holzpfähle und Weidenruten aus dem Delta des Paraná bestellt. Holz war an diesem kilometerlangen Strand und in der baumlosen Pampa selten. Engländer hatten im vergangenen Jahrhundert für den Bau der Bahnlinie die Talabäume abgeholzt. Die Weidenbündel waren mit der Eisenbahn bis Madariaga transportiert und dann von einem dort ansässigen Händler, einem Iren, hierher an die Küste gebracht worden. Der Händler brachte auch Ziegelsteine und Holz für den Bau eines Hauses. Es sollte, auf einer Düne stehend, eine steinerne Selbstverpflichtung sein, nicht zu weichen. Eine Trutzburg, die gegen diesen ewig rieselnden Sand verteidigt werden musste. Eigenhändig entworfen von Carlos Gesell, rechteckig mit einem flachen Walmdach, das umlaufend eine Terrasse vor Sonne und Regen schützte. Und ganz wichtig: vier Türen, die an jeder Seite nach draußen führten, um so die morgens jeweils versandete Seite wieder freischaufeln zu können. Ein Dünenhaus. Zunächst und vor allem musste jedoch die Bewegung der Dünen zum Stehen gebracht werden. Landeskenner hatten gewarnt, und tatsächlich, die Weidengeflechte hatten den Flugsand nicht aufhalten können. Schon bald waren sie zugeweht oder fielen samt Setzling um.

Carlos Gesell nahm abermals von dem Geld aus dem verkauften Anteil am Kinder-und-Säuglinge-Geschäft und ließ aus Deutschland einen diplomierten Landwirt mit dem vielversprechenden Namen Bodesheim samt Ehefrau kommen. Trotz der Warnung des diplomierten Landwirts bestand Gesell darauf, dreitausend Sandkiefern zu setzen. Drei Monate lang arbeiteten der Landwirt, der Bauernbursche und Carlos Gesell im Sand. Die Kiefernsetzlinge wurden mit

angeschwemmten Hölzchen und gerupftem Strand-
gras umgeben, eine Maßnahme zur Befestigung und
als Dünger.

Endlich war die Arbeit getan. Drei Tage ruhten
der tatenfrohe Prophet, der ihn bewundernde Bau-
ernjunge und der diplomierte Landwirt. Am fünften
Tag sprang der Wind von Ost nach Süd um, und ein
kalter südpolarer Sturm fegte zwar die Wolken vom
Himmel, aber auch lange Sandfahnen über die Dünen. Drei Tage dauerte der Sturm. Als er sich legte,
waren die dreitausend Setzlinge verschwunden. Nur
hier und da ragten noch vereinzelt kleine Wurzeln wie
Krallen in den Himmel.

Zwei Tage kam der Prophet nicht aus seiner Hütte.
Seine Halbschwestern brachten ihm Wasser. Nahrung
verweigerte er. Sie sagten, so hätten sie ihn noch nie
erlebt – betrübt und verzagt. Am dritten Tag erschien
er und tat den Mund auf: Wir müssen von vorne anfangen.

Der diplomierte Landwirt sagte: Alles, was man
hier versucht, wird unweigerlich misslingen!, ließ
Kisten und Koffer packen und kehrte mit Frau und einem inzwischen geborenen Kind auf einem Dampfer
der *Hamburg Süd* nach Deutschland zurück. Wan-
derdünen wandern, sagte er und erzählte später, ihm
sei noch in der Schiffskabine Sand aus den Schuhen
gerieselt. Aber was er, als in einem Garderegiment

Gedienter, von diesem ganz und gar unmilitärischen Verrückten auch sagen müsse: Standhaft sei er.

Der Bauernbursche hatte in der Zwischenzeit, seinem natürlichen Trieb folgend, eine cabecita negra, wie es hieß, ein Zimmermädchen aus einer nahe gelegenen Estancia, geheiratet und war zurück nach Entre Ríos gezogen mit einem Erzählungsschatz, von dem noch die dritte Generation der altgläubigen Russlanddeutschen zehrte.

Der Prophet arbeitete indessen allein in den Dünen mit aus der Schweiz gegen Schneeverwehungen entwickelten Weidenzäunen. Er sah seine Frau Martha von Weitem die Düne herunterkommen, sie stellte sich vor ihn hin, so, dass er in die Sonne blicken musste, und sagte: Die Dünen oder ich. Er zog sich in eine entfernte Dünenmulde zurück, saß dort, während seine Frau Wäsche wusch und aufhängte, für die sechs Kinder und die beiden Halbschwestern kochte, eine kräftige Gemüsesuppe mit Süßkartoffeln und Rindfleisch, das Essen hinstellte und Essen! rief. Er kam langsam näher und sagte: Die Dünen.

Was sie über die Maßen verbitterte, er hatte nicht einmal versucht, sie umzustimmen. Mit vier ihrer sechs Kinder zog sie aus dem Sand fort. Zurück blieben der Prophet Carlos mit einem Sohn Bubi, seiner Tochter Rosemarie und seinen beiden unmündigen Halbschwestern.

Ein neuer Gehilfe kam, der sich Eleve nannte und auf den Namen Timoteo hörte. Verlassen hatte er Deutschland, weil er dort zu einer Bruchrechnung geworden war: ein Dreiviertel Jude, Timm Henckels, Sohn des Schauspielers Paul Henckels. Vor seiner Abreise hatte der Eleve Timoteo noch verschiedene, wie er sagte, arische Strandhafersamen auf der Insel Sylt in kleinen Säcken eingesammelt und mitgenommen. Der neue Gehilfe war von einem so ganz anderen Schlag als der den Propheten bewundernde Bauernbursche. Aufgewachsen unter einem losen, lockeren Volk, unter Dichtern, Malern und Schauspielern, hatte er eine Reformschule in Magdeburg besucht. Die Schule war von den neuen Machthabern wegen ihrer laschen, den Widerspruch einübenden Lehrmethode geschlossen worden. Der Eleve hatte eine schnelle Zunge, war voller Witz und schlagfertig dazu, auch trank er gern Bier und Wein und Schnaps, sang, wenn er am Strand gegen den Wind ging, unsittliche Lieder. Carlos Gesell hatte in den Dünen jeglichen Alkohol verboten. Daher ritt der Eleve hin und wieder nach Madariaga, kaufte sich heimlich zwei oder drei Flaschen argentinischen Whiskys, der, da von einem Schotten gebraut, eben noch trinkbar war. Carlos Gesell wurde von seinem neuen Gehilfen nicht mehr Prophet, sondern nur noch Don Carlos und hinter seinem Rücken Don Gasolino genannt. Der Spitzname beschrieb den umtriebigen Dünenbesitzer genauer. Carlos Gesell hatte sich schon als Schüler in Zürich – die Familie Silvio Gesell pendelte zwischen der Neuen und der Alten Welt hin und her – bei einem chemischen Experiment zur Herstellung von Dünger die Hände und dem Hauswirt das Zimmer verbrannt. Später in Chicago, wo er einige Jahre lebte, arbeitete er an der Erfindung eines Kühlschranks, der von der Sonne gespeist werden sollte. Er wollte die Hitze in Kälte umwandeln. In der Bibliothek Chicagos studierte er über Monate physikalisch-technische Bücher. Er war mit der Idee seiner Zeit weit voraus, konnte als Autodidakt aber die Umwandlung von Sonnenwärme in Energie technisch nicht lösen.

Zurückgekehrt nach Buenos Aires, trat Carlos in das väterliche Geschäft für Babyausstattungen ein, die *Casa Gesell*. Sogleich machte sich sein Erfindergeist an die Entwicklung eines tropentauglichen Kinderwagens. Das Gehäuse war aus Weidengeflecht gefertigt und mit weißer Gaze ausgelegt. Die Luft sollte sanft den Säugling umspielen. Der Korbwagen mit dem Produktnamen *Moses* wurde zu einem Verkaufserfolg. Während seiner Studien und Forschungsarbeiten hatte Carlos noch Zeit, eine Frau zu finden, Martha, sie zu freien und ihr sechs Kinder zu machen. Beflügelt von dem Verkauf der Marke Moses, fuhr er in das Seebad Mar del Plata, wo eine Zweigstelle der

Casa Gesell gegründet werden sollte. Auf dieser Fahrt entdeckte er die Dünenlandschaft und hatte die Vision, dort ein Seebad zu gründen.

Alle vierzehn Tage kam der Ire in seinem verrosteten Ford und brachte dem Propheten, der sich inzwischen eine neue Frau genommen hatte, Doña Emilia, und seinen beiden Halbschwestern, dem Eleven und seinen beiden Kindern, die mithalfen, man konnte auch sagen, mitarbeiten mussten, Mehl, Zucker, Kartoffeln, aber auch Ziegelsteine und Holz für den langsam voranschreitenden Hausbau. Inzwischen waren Hühner angeschafft worden, und die Versorgung mit Eiern war gesichert. Die Kartoffeln keimten, mit Pferdemist gedüngt, verheißungsvoll vor sich hin. Der Ire hatte eine Flasche Rum mitgebracht, nicht weil er hoffte, damit seinen Umsatz zu steigern, sondern im Glauben, ein solider Rausch könne den Verrückten, der da im Sand wühlte, wieder zur Vernunft bringen.

Don Carlos predigte dem begehrlich zur Flasche blickenden jungen Gehilfen von Sucht und Rausch und verrücktem Sinn. Der Ire selbst sei ein Beispiel für die fürchterliche Wirkung des Alkohols. Bei seinem letzten Besuch hatte der Ire über seine Schwangerschaft geklagt. Er glaubte, er sei schwanger von einem Esel, was ihn grübeln ließ, wie ihm das hatte zustoßen können, hielt er sich doch keinen Esel. Und auch davon hatte er den beiden erzählt, dass hin und wieder am helllichten Tag der Himmel plötzlich auf ihn fiele. Erst neulich wieder, und wie er dagelegen sei, unter einem blauen, mit weißen Flecken besprenkelten Betttuch. Erst in der Nacht habe er es wieder von sich werfen können. Überhaupt die Einsamkeit in dieser Weite, irgendwo sei dann immer nur der Horizont. Manchmal sprach er aber doch recht verständig und sagte, diese Bemühungen, die Dünen zum Stillstand zu bringen, seien gegen die Natur und, weit schlimmer, gegen Gott.

Der Ire redete. Die beiden arbeiteten. Warum gerade hier? Weil es hier, an dieser Stelle, auf dem Hunderte Kilometer weiten, langweilig flachen Land, plötzlich Hügel gab. Landschaft. Die Pampa ist keine Landschaft, sondern grüne horizontweite Fläche. Hier hingegen erhoben sich die Dünen, weiß schimmernd, sanft gefaltete Hänge. So hatte er es dem Notar nach der Unterzeichnung gesagt. Zuvor hätte seine Bewunderung für die Schönheit der Landschaft den Preis beim Verkäufer womöglich in die Höhe getrieben. Er wolle dort Pinien pflanzen, Pappeln und Weiden, hatte er erklärt, aus denen die Kinderwagen gefertigt werden sollten. Das war eine etwas unglaubwürdige Erklärung, wenn man die Dauer des Wachstums einer Pinie bedachte.

Er hatte den Nachbarort Ostende besucht, der weiter nördlich an diesem langen Dünenzug der argentinischen Atlantikküste lag. Vor Jahren hatten dort Belgier damit begonnen, ein mondänes Seebad zu errichten, wiederum angeregt durch das ebenfalls in Dünen gelegene belgische Seebad Ostende. Der Bau wurde durch anhaltende, den Sand verfrachtende Stürme immer wieder aufgehalten und schließlich abgebrochen. Die Belgier kehrten nach Europa zurück. Die halb fertigen Häuser und Hotels waren schon bald wieder vom Sand zugeweht. Allein ein Stück des Kirchturms ragte noch aus einer Düne. Carlos Gesell hatte die Spitze im Sand gesehen und war in seinem Entschluss nur abermals bestärkt worden.

Es war eine besondere Fähigkeit des Propheten, die Dinge der Zukunft vor Augen zu haben, er hatte das Wort Gemeinde oder das Wort Dorf nicht im Kopf, sondern er hatte es vor Augen: die Häuser aus Backsteinen gebaut, mit weiß gestrichenen Fensterkreuzen, Dächer mit Ziegeln gedeckt, kleine, mit Ziegeln gepflasterte Straßen, Vorgärten wie im Norden Deutschlands, eine Hauptstraße, dort das Postamt, dort das Hotel, zweistöckig, dort die Bäckerei, das Café, die Bedienung mit weißer gerüschter Schürze, die Schlachterei, darin der Metzger am Hackblock, und draußen vor der Küste zwei Jachten, weiß natürlich, deren Besitzer mit ihren Gästen durch diesen Ort spazierten, einen Ort der Schönheit, in dem es keinen Alkohol und keine Glücksspiele gab. Gegenseitige Hilfe. Stille. Dann erklängen aus einer offenen Terrassentür Präludien Chopins. Ein Ort des friedfertigen Zusammenlebens. Ein gesundes, frisches, der Natur nahes Leben. Ein Eden, ähnlich dem, das in Oranienburg bei Berlin 1893 von Vegetariern und Reformern gegründet worden war. Der Prophet hatte dort eine Zeit lang gelebt und seine Frau Martha kennengelernt. 1930 war sein Vater Silvio Gesell nach einem rastlosen Leben, einem Hin und Her zwischen Alter und Neuer Welt, in dem Gartenparadies Eden gestorben. Auch er, Silvio Gesell, war ein Prophet gewesen. Er predigte eine neue Wirtschaftsordnung, die Freiwirtschaft, das Schwundgeld, das zu einem nicht endenden Weltfrieden führen würde. Wenn man nicht die auf Zins und Hochzins ausgerichtete Wirtschaftsordnung ändere, hatte Silvio Gesell nach dem Waffenstillstand 1918 vorhergesagt, werde es bald einen weiteren, noch fürchterlicheren Krieg geben.

Die Mauern des Hauses waren inzwischen errichtet. Die umlaufende Veranda mit ihren Holzsäulen hatte Carlos Gesell wie ein geübter Zimmermann in drei Wochen gezimmert. Allerdings fehlte dem Haus das Dach. Die Balken, Sparren und Bretter waren noch immer nicht geliefert worden. Aber der Brunnen war gemauert und eine Versitzgrube gegraben worden.

Hühner legten Eier. Ziegen gaben Milch. Ein Klavier traf ein, allerdings zu früh und verstimmt. Es wurde unter eine Plane gestellt, die vor Regen, aber nicht vor dem feuchten Meerwind schützte. Immer wieder musste der Schimmel von den Dämpfern gekratzt werden. Und Carlos Gesell, der von sich als einem ingeniösen Autodidakten überzeugt war, machte sich daran, das Klavier zu stimmen. Nach vier Tagen spielte der Eleve an einem windstillen, noch immer heißen Abend vor den zwei Erwachsenen, den beiden halbwüchsigen Mädchen, den zwei Kindern und dem weinenden Iren Beethovens *Für Elise* und das G-Dur-Menuett von Johann Sebastian Bach. Es war das erste und für lange Zeit letzte Freiluftkonzert in den Dünen.

Vier Tage darauf hatte der Prophet einen Traum. Eine Stimme – war es der Vater? – sprach: Geh hin und bringe die Dünen durch Schwärze zum Stehen.

Der Prophet dachte, die Schwärze könne nur Teer bedeutet haben. Eine Befestigung der vordersten Dünen könnte, so sagte er seinem Gehilfen, eine Art Wall schaffen, der dann die dahinterliegenden Dünen zum Stillstand brächte.

In Mar del Plata wurde eine flüssige Teermischung bestellt, die in Blechfässern herbeigeschafft wurde. Ein Teer, wie er für die Abdeckung mit Dachpappe benutzt wurde.

Also zogen der Prophet und sein Eleve an einem

Morgen im März los und übersprühten zwei kleinere, der See zugewandte Dünen mit dem flüssigen Teer. Am fünften Tag war die Arbeit getan, und der Prophet sagte: Es ist gut.

Welch ein wundersamer Anblick: Zwischen den weißen gewellten Dünen lagen zwei rabenschwarze Hügel. Ein Werk, das die erst Jahrzehnte später aufkommende Land-Art vorwegnahm. Höchst sonderbar aber war, die Möwen umkreisten in Schwärmen die schwarzen Hügel, so als lägen dort zwei Walfische, jedoch ließen sie sich nicht mehr darauf nieder, nachdem eine von ihnen mit den Krallen darin kleben geblieben war. Erst in der Nacht wandelte sich ihr Schreien in ein klägliches Krächzen und verstummte gegen Morgen ganz.

Carlos Gesell hatte den Monat März gewählt, der etwas kühler und regnerischer war, so konnte die Teerschicht langsam trocknen. Aber der Sand bewegte sich unter seiner Teerhaut, schien zu atmen, sank hier ein, dehnte sich dort aus. Die schwarze Haut wurde an einigen Stellen faltig. Der Wechsel von Wolken und Sonne erzeugte wundersame Schattennuancen. Die Teerschicht glich einem schwarzen Stoffüberwurf. Nach zehn Tagen bildeten sich die ersten feinen Risse. Heller Sand rieselte heraus. Auf dem Kamm des einen Hügels sank die Teerschicht wie ein schlaffer Hut ein. Am Hang zeigten sich im Schwarz wilde weiße

Zacken, Blitzen gleich. Nach weiteren sechs Wochen waren die beiden Hügel wieder gelbgrauweiß mit einigen wenigen schwarzen Teertupfern darin. Auch die schwarzen Flecken verschwanden nach einer Weile, und es waren wieder zwei gewöhnliche Dünen.

Carlos Gesell hatte schon vor Monaten nach Deutschland geschrieben und einen Botaniker um Rat gefragt, welche Pflanze für den Dünensand genügsam genug sei und zugleich dem salzhaltigen Seewind widerstehen könne.

Er solle einen Versuch mit einer Akazienart machen, wurde ihm geantwortet, mit der Acacia Trinervis. Sie wuchs in Australien an der Küste, auf demselben Breitengrad, an dem auch die Gesell-Dünen lagen. Das argentinische Gesetz sagte: Aus Australien dürfen keine Pflanzen eingeführt werden. Carlos Gesell orderte vierhundert Setzlinge über eine Handelsfirma in Hamburg. Die Wochen, die Monate vergingen. Der Wechsel des Jahres 1936 auf das Jahr 37 wurde ohne Alkohol gefeiert. Ein Kinderpunsch wurde angesetzt. Zu Mitternacht schoss Carlos Gesell drei Seenotrettungspatronen aus alten Beständen in den Nachthimmel. Wunderbar leuchtend rot sanken sie auf die Dünenlandschaft. Die aufgestellten Kerzen konnten nicht angezündet werden, sie hatten sich in der Hitze zum Boden verneigt.

Der Eleve arbeitete in den Dünen nach einem System, das er gemeinsam mit Carlos Gesell entwickelt hatte: Espartogräser, die sich hier und da in den Dünenmulden fanden, wurden ausgegraben und in einem Quadrat von zehn Metern gepflanzt und zum Windschutz mit Gestrüpp und Zweigen, die man aus dem Hinterland holte, abgedeckt. Pappeln und Weiden wurden als Stecklinge in den Sand gesetzt. Es ging voran, langsam, mühselig, immer in dieser gebückten Haltung, dann aber kam, diesmal aus dem Norden, ein heftiger Wind, heiß und an den Nerven reißend, und beide, der Eleve und Carlos Gesell, konnten beobachten, wie die Espartogräser fortgeweht wurden. Sie mussten von vorn anfangen.

Doch in der ersten Aprilwoche im Jahr 1937 kam der Ire mit der ersten Sendung der in kleinen Blechdosen verpackten Akaziensetzlinge. Die beiden machten sich erneut an die Arbeit und pflanzten vierhundert Pflänzchen, und zwar, wie Carlos Gesell das System nannte, in Nestern. Drei Akaziensetzlinge wurden um einen Pinien- oder Pappelsetzling gepflanzt. Wie sich zeigte, schlugen die Akazien schnell Wurzeln, entnahmen der Luft den Stickstoff und führten ihn dem Boden zu. Derart vor dem Wind geschützt und durch den Stickstoff genährt, schlugen auch die Pinien Wurzeln und gaben gemeinsam mit den kleinen Akazien dem Sand Halt. In mit Erde gefüllten Dachpappenröhren wurden die Pinos in der Baumschule herangezogen und dann in den Sand eingepflanzt. Der durch die zerriebenen Schalentiere nährstoffreiche Boden, die Sonne und der Regen ließen die Akazien und Pinien auf dem sandigen Boden schnell wachsen. Ein grüner Flaum überzog die ersten Hügel. Was folgte, war Wiederholung. Graben, setzen, gießen.

Der Eleve kündigte. Er sagte, er wolle Spanisch lernen, wozu er hier, in den Dünen, wo nur Deutsch gesprochen wurde, keine Gelegenheit habe. Er ging in Freundschaft. Jahre später sollte er zurückkommen, um hier ein Sommerhäuschen für seine Mutter und sich zu bauen. Der Ort war gewachsen, die Dünen bepflanzt, die Grundstücke waren vom Propheten verkauft worden, der den Erlös nach der Wirtschaftslehre seines Vaters nicht auf die Bank legte, sondern sogleich wieder investierte, er ließ eine Pension bauen, La Gaviota, in die 1941 der erste Gast namens Stark einzog, der von der Stille, von dem Meer, von den kleinen Akazien, von den mit zarten Pinien bestandenen Hügeln begeistert war und davon in der Hauptstadt erzählte, schwärmerisch, andere kamen, kauften Grundstücke, bauten Häuser, darunter die Eltern meiner Frau, der Prophet investierte weiter, ließ täglich einen Bus zur nächsten Bahnstation fahren, eine Schule bauen, ein kleines Elektrizitätswerk, eine Telefonkooperative gründen. So wurde die Siedlung zu einem Ort, der auf der amtlichen Landkarte Argentiniens eingetragen ist – Villa Gesell.

* * *

Ich habe den Propheten kennengelernt, Carlos Gesell. Ein großer alter Mann mit einem weißen Bart, einem Haarkranz um den kahlen Kopf und einer starken Ähnlichkeit mit Hemingway. Er fuhr in einem alten Jeep über die Hauptstraße der Stadt, hinter sich eine lange Staubfahne. Er fuhr vorbei an den Spielhallen, an den Minigolfplätzen, an Bars und Restaurants und an all dem, was nicht hatte sein sollen, Alkohol, Drogen und Glücksspiele. Die Häuser an der Hauptstraße waren hässlich, wenn man sie einzeln betrachtete, aber in der Summe, in diesem Wechsel von Tirolerhäusern und bemalten halb fertigen Betonkisten, hatte der Ort die Aura einer Goldgräberstadt, etwas Buntes, Vitales, Lebensfrohes. Viel junges Volk war auf der Straße, in kurzen Röcken, Badehosen und Bikinis, geölte und von der Sonne gebräunte Haut. Aus den Bars dröhnten amerikanische Schlager, und Marihuanaschwaden lagen in der Luft.

Noch war die Hauptstraße nicht asphaltiert worden, aber die schwarzverrußte, einer Lokomotive ähnelnde Teermaschine stand schon an der Haltestelle der Fernbusse. In den großen Kessel wurden glänzend schwarze Teerbrocken geworfen und kamen erhitzt durch ein Feuer als zäher, dicker Brei heraus, wurden in Schubkarren gefüllt und auf die Straße, die zuvor gewalzt und mit Split bestreut worden war, gefahren. Männer in Lederschürzen verteilten den Teer mit langen, gartenähnlichen Harken, andere krochen auf hölzernen Knieschonern hinter ihnen her und verstrichen mit Brettern den noch warmen Teer.

Das erste Mal war ich 1970 im späten März, also im Frühherbst, auf diesem Breitengrad, in Villa Gesell. Es war kühl, regnerisch und windig. Die Badesaison war eben zu Ende gegangen. Die Geschäfte und Restaurants waren geschlossen. Die Ferienhäuser lagen mit geschlossenen Fensterläden im Dunklen, verlassen von ihren in die Hauptstadt zurückgekehrten Bewohnern. Rotbraune Backsteinhäuser mit eigentümlich verschachtelten Ziegeldächern, die ursprünglich wohl als Isolation gegen die Hitze gedacht, nun aber, je mehr Dachpartien sie aufwiesen, zum Statussymbol geworden waren.

Das mit einem flachen Satteldach gedeckte Elternhaus meiner Frau lag auf einer ansteigenden Wiese, in der man noch den wellenartigen Hang einer Düne erkennen konnte. Seit der Erstbepflanzung hatte sich eine Humusschicht gebildet, in der man jedoch bereits nach einem Spatenstich auf Dünensand stieß.

Das Haus hatte ihr Vater, ohne etwas Derartiges studiert zu haben, selbst entworfen und gebaut und war darüber – learning by doing – zum Architekten geworden, hatte mehrere Häuser in Villa Gesell gebaut, solide Gebäude mit sanften Sattel- oder Walmdächern, harmonischen Sprossenfenstern, dem handwerklichen Bauen der Tessenow-Schule verpflichtet. Da er sich mit der Statik nicht sicher war, ließ er die Maurer sehr viel Material in Wände, Decken und Treppen packen. Italienische und spanische Baumeister, die etwas billiger und schneller bauten, nannten seine Bauweise *estilo mamut*.

Das Elternhaus war geräumig, die massiven Mauern hielten im Sommer die Räume kühl, allerdings blieben sie das auch im Winter. Ein Ölofen im Wohnzimmer musste die unteren Räume heizen. Die Familie saß, zumal wenn wieder in dem Elektrizitätswerk der Kooperative ein Schaden eintrat, in Mäntel und Decken gehüllt im Wohnzimmer. Bettdecken und Matratzen waren klamm. Man bekam eine Vorstellung von den Schwierigkeiten der Anfänge, unter denen die Pioniere in den Dünen gelebt haben müssen.

Das Wohnzimmer war durch einen Rundbogen mit dem Esszimmer verbunden, hatte breite Sprossenfenster, eine Flügeltür, die in den Garten führte. Neben dem Wohn-und-Ess-Zimmer gab es drei kleinere Zimmer, zwei einfache Bäder, eine Küche. Die

Hauswände waren von dreilappigem dunkelgrünem Efeu bewachsen. Die Akazienhecken, die Pinien und Pappeln im Garten sowie andere Hügel schützten das Haus vor Wind. Eine tiefe Stille ist die Erinnerungsempfindung, und nur wenn wir hinuntergingen zum Meer, war auf der letzten vorgelagerten Düne das Grollen zu hören, ein auch im Boden spürbares Dröhnen der von weit über den Atlantik kommenden, sich am Strand brechenden Wellen. Gischtflocken wurden über den Sand getrieben, und hinter der Brandung waren hin und wieder Delphine zu sehen.

So ganz anders der Sommer, die Temporada, wenn sich der Ort verwandelte, die Menschen sich auf der Hauptstraße drängten, Auto an Auto sich über die inzwischen asphaltierte Straße schob. Viele Jugendliche verbrachten ihre Ferien in Villa Gesell, nicht in Pinamar oder in dem wieder freigeschaufelten und neu besiedelten Ostende. Dort herrschte die gepflegte Langeweile der gutbürgerlichen Seebäder. Die Stadt Gesell hingegen war laut, halb prächtig, halb schäbig und hässlich schön, so wuchs sie planlos weiter in die Dünenlandschaft. Der Prophet Gesell verkaufte immer kleinere Grundstücke und investierte, der Theorie seines Vaters folgend, damit das Geld nicht rostete, den Gewinn in Projekte der Stadt. Die Stadt sollte wachsen, erschwinglich sein auch für Handwerker und Arbeiter, die jene erste Generation der aus Italien eingewanderten Maurer, inzwischen alle Besitzer kleiner Pensionen, ersetzte. Nichts vom Mammutstil im neuen Viertel, sondern kleine, kunterbunte Häuser im Eigenbau.

Das Haus der Familie lag an einer sandigen Seitenstraße in dem älteren Teil der Siedlung. Der Blick ging über die sanft abfallende Wiese, die gemäht und gewässert werden musste, darin standen drei hohe Pappeln und eine mächtige Pinie. Sie hatten ihre erstaunliche Größe in nur knapp dreißig Jahren erreicht. Hin und wieder kam ein Auto, das sich durch den sanddurchsetzten Erdweg wühlte, kamen Jungs, die auf ungesattelten Pferden vorbeigaloppierten.

Ich hatte mir den kleinen Schreibtisch an die Wand des Zimmers gestellt, das Dagmars Mutter mir zum Schreiben überließ, und tippte auf ihrer alten Reiseschreibmaschine, Marke *Continental*, bei der zwei Tasten hakten. Das schmale Fenster davor lag höher als das zum Garten, und nur wenn ich aufstand, sah ich die Wäscheleinen, manchmal Hände, die Laken oder Badeanzüge aufhängten, und immer die wunderbaren Wolken. Es gab andere Zimmer, aber dieser Raum war im Sommer etwas kühler und abgeschieden. Ich schrieb an dem Roman *Morenga*. Eine intensive Empfindung: die Wärme, die Hitze, die mit dem Text korrespondierte. Die Manuskriptseiten zeigten mir die springende Schrift der abgenutzten Buchstaben. Durch das flauschige Farbband und den Staub verdreckten sie schnell. Stockte die Arbeit, wollte sich ein Problem nicht lösen, pulte ich mit einem Zahnstocher den Dreck aus den Rundungen der Typen. Man kann an dem Manuskript ablesen, wo die Arbeit damals stockte.

Die Ferienzeit brachte jedes Jahr viele Besucher in das gastliche Haus, Abenteurer, Viehzüchter, Ingenieure, die Staudämme und Brücken bauten, Kaufleute, Estancieros. Erzählt wurden verwickelte Familiengeschichten, Geschichten von Liebe und Tod, von Überfällen und Raub, das Generalthema der politischen Gespräche war die Korruption der jeweiligen demokratisch gewählten oder durch einen Militärputsch an die Macht gekommenen Regierung. Peróns Rückkehr aus Spanien, sein Tod, die gewählte Regierung unter seiner Frau Isabel Perón. Auch wer schon lange in diesem von Einwanderung bestimmten Lande lebte oder gar dort geboren worden war, blieb in einer Art Limbus verhaftet, sah seine Identität immer noch von dem inzwischen geschichtlich gewordenen Herkunftsland bestimmt, egal ob Deutschland, Italien oder England, eine Bindung, die zugleich Distanz schaffte, zur früheren wie zur neuen Heimat, nicht ganz hier, nicht ganz dort, ein eigentümliches Dazwischen. Die anderen, die Argentinier, waren die

Hiesigen. Kritik richtete sich gegen sie, gegen das Land, wenn etwas nicht funktionierte, was auch immer, die Post, das Telefon, die Farbbänder der Schreibmaschinen, dann hieß es abfällig: Industria Argentina!

Andererseits hatte sich bei vielen durch das Leben und die Arbeit eine starke emotionale Nähe zu Argentinien eingestellt, nicht national, sondern regional. Die schwärmerischen Erzählungen von der Landschaft im Süden, in Patagonien, oder von dem Andenhochland im Norden, von den tropischen Gebieten, wo Yerba Mate angebaut wurde, aber auch von dem grünen flachen, bis zum fernen Horizont reichenden Camp, der Pampa. Die Landwirte und Estancieros, die von der Viehwirtschaft erzählten: Schafe durften nie bei Vollmond kastriert werden. Eine ganze Herde war, nachdem man die Empfehlung als Aberglauben abgetan hatte, verblutet. Zuchtkühe bekamen, waren ihre Zähne vom harten Gras abgewetzt, ein Stahlgebiss als Ersatz. Der Veterinär Gottschalk entwickelt in *Morenga* ein Kuhgebiss. Ein utopisches Projekt, um zahnschwache Kühe der Namas am Leben zu halten.

Diese Mittagsstille. Das Gurren der Wildtauben. Als Kind hatte Dagmar darin schaudernd das ferne Heulen der Wölfe zu erkennen geglaubt. Der märchenhafte Ruf des gelbgrünlichen Schwefeltyranns, des *Bichofeos*.

In der tiefen Stille der Nacht wachte ich zuweilen

lachend aus sich wiederholenden Träumen auf. Obwohl ich es versuchte, konnte ich nie den Anlass dieser Lachträume behalten. Im Aufwachen waren sie verschwunden. Der Wille ist kein guter Traumfänger. Eine Stille, die morgens vom Krähen der Hähne beendet wurde, hin und wieder, selten, ein Auto, das sich durch den Sand quälte. Nach jedem Regen musste der Weg von einem Pflug geglättet werden und schnitt sich mit der Zeit immer tiefer in die Dünen ein.

Was man sich heute in der Zeit des Internets mit all seinen Möglichkeiten, dem Mailen, Surfen, Skypen, nur noch schwer vorstellen kann – man war aus der Welt. Die Probleme im Verlag, die nicht aufwendige, aber von kleinen Katastrophen begleitete Herausgebertätigkeit in der AutorenEdition, waren ebenso fern wie die abendlichen oft girlandenartigen politischen Diskussionen über den Weg, wie denn eine gerechtere, solidarische Gesellschaft erreicht werden könnte. Der ermüdende Streit darüber, welche praktische politische Arbeit an der Hochschule, in den Wohngebietsgruppen, Betriebsgruppen in eine bessere sozialistische Zukunft führen könnte.

Hier lebte man eine rückwärtsgewandte Utopie. Kein Fernsehen. Telefonieren im Amt mit über Stunden dauernden Anmeldungen nach Europa. Man hörte das Stöpseln der Frauen in der Telefónica. Der Radioempfang war gestört. Das deutschsprachige

Argentinische Tageblatt, das ich wegen meiner rudimentären Spanischkenntnisse zu lesen gezwungen war, brachte in einem umständlich steifen Deutsch kurze Berichte aus der Politik. Ein fernes muhmenhaftes Geschehen, über das wir uns noch vor zwei, drei Wochen heftig erregt hatten. Die Ereignisse in Deutschland erschienen wie durch ein umgedrehtes Fernrohr. Die politischen Berichte über das Land Argentinien mit seiner neuen – gewählten – Präsidentin Isabelita, der Witwe Peróns, einer ehemaligen Nachtklubtänzerin, und ihrem Berater, dem Hexer, dem sie angeblich hörig war, lasen sich wie romanhafte Erzählungen; noch war das Grauen, für das eine von der Regierung geduldete paramilitärische Gruppe sorgen sollte, ein Gerücht.

Dieses Fehlen der Meldungen und Meinungen brachte die Stille und Abgeschlossenheit beim Schreiben und Lesen und, mit dem von den Eltern geführten Haushalt, die Entlastung, für die alltäglichen Belange nicht planen zu müssen und ein willkommener, ersehnter Gast zu sein. Eine lange, ruhige Gegenwart. Ein Glücksgefühl, da die Sehnsucht nach diesem Land sich schon als Kind durch die Erzählungen eines Familienfreunds in mir gebildet hatte.

Das Schwimmen im Meer, die mächtige Brandung, durch die man im rechten Augenblick tauchen musste, wollte man nicht auf den Grund geschleudert werden, um in Panik und Schmerz wieder hochzurudern. Oder Barrenada – eine Besonderheit des Strands und des Meeres an dieser Küste. Dort, wo sich die Wellen brachen, galt es, Ausschau zu halten nach einer hohen, steilen Welle; schwimmend oder eben noch im Wasser stehend, warf man sich vor sie, um auf der Brust und mit vorgestreckten Armen mit der brechenden Welle weit an den Strand zu surfen. Nach einem heißen Tag nachts das Schwimmen im Meeresleuchten. Stieg man aus dem Wasser, liefen die silbernen Fünkchen am Körper ab. Im Sand liegen und diese einfache Wahrheit spüren, das leichte Frösteln, den erregten Herzschlag, das Salz auf der Haut und Liebe, wie sie nur der Sommer so leicht gewähren kann.

In dem Ort wurde während meines ersten Aufenthalts noch vieles improvisiert, war die gegenseitige Hilfe unter den Bewohnern erfahrbar. Ein praktisches Können, mit den Fährnissen umzugehen. Die Behandlung beim Zahnarzt Doktor Rivas, wenn Patient und Arzt beim Bohren warten mussten, weil der Strom ausgefallen war; die Genossenschaft der Elektrizität, die immer wieder mit technischen Problemen kämpfte; die Telefonkooperative, die ständig an den Leitungen herumflickte; der bayerische Tischler mit seinen Söhnen; der Brunnenbohrer, ein Ukrainer, dieses tätowierte Spiel seines muskulösen Oberkörpers, wenn er ruck-

artig den Hebel des Bohrgestänges drehte; Tito Tomys, eines der vielen ehelichen und unehelichen Kinder Silvio Gesells, mit großen, abgearbeiteten Händen
beim Reparieren des Wasserpumpenmotors; die Sand-
wege durch die Pinien; der Arzt Doktor Espósito; die
Bäckerei; der Engländer in seinem Kolonialwaren-
geschäft; die weise Frau Kuhn, Witwe eines Arztes,
mit der wir am Strand über Literatur und Kommunismus redeten; das kleine Hotel von Herrn Schwalbe,
der früher Gefechtstrompeter auf dem Panzerkreu-
zer Graf Spee gewesen war und sich nach der Selbst-
versenkung des Schiffs hier angesiedelt hatte; Töp-
fer; Bildhauer; ein ungarischer Maler, der auf dem
Nachbargrundstück in einem Vorgriff auf Frank O.
Gehry ein nierenförmiges Haus baute, auf dem Ge-
rüst stehend schrie er: Uutää, den Zeementeimäär!
Seine Frau, eine stämmige Deutsche, schleppte dann
den Eimer die Leiter hoch. Später sollte er in den USA
als Maler reüssieren. Timoteo Henckels, seine Mutter, Caecilie Viegener. Die alte Dame lebte im Winter in dem jüdischen Altenheim in Buenos Aires und
die vier Sommermonate über in Timoteos Häuschen
in den Dünen.

Sie kam einmal die Woche ins Haus der Familie
und bekam ihr Wunschessen, das sie jedes Mal neu,
auch gestisch variiert, lobte: Fischknödel. Die kind-
kleine, lebhafte, etwas konfus redende Dame war

die Tochter eines berühmten, zum Protestantismus übergetretenen jüdischen Professors der Rechte in Breslau. Als junges Mädchen hatte sie ein wenig rebelliert und war, die Eltern zeigten Toleranz, Schauspielerin geworden, hatte den damals schon bekannten Paul Henckels kennengelernt, geheiratet und drei Kinder bekommen, Timm, genannt Timoteo, Anneliese und Hanna. 1920 ließ sie sich von Henckels scheiden und heiratete den expressionistischen Maler Viegener, bekam abermals drei Kinder. Eine Frau, die noch ganz die Konventionen des Bildungsbürgertums im 19. Jahrhundert lebte, nicht nur darin, wie sie die Teetasse mit der Untertasse hielt. Ihr gewähltes Deutsch, ihre Klage über Sprachverwilderungen, die sie im deutschsprachigen *Argentinischen Tageblatt* fand, über die *unschönen* Worte. Sie schwärmte von Elizabeth und Robert Browning, mit denen sie uns, Dagmar und mich, verglich, sie verehrte Heine und Goethe, deren Verse sie auswendig rezitierte, konnte ohne Wichtigtuerei über die mit ihr bekannten Künstler und Schauspieler aus dem Berlin der Kaiserzeit und der Weimarer Republik reden. Und sie fertigte Stickereien nach Bildern von Paul Klee an, stickte höchst kunstvolle Lesezeichen, von denen wir noch eines verwahren. Erstaunlich war, dass sie trotz ihres Lebens inmitten der Boheme etwas Prüdes hatte. Ihre Erregung über unanständige Worte war jedes Mal groß und für uns höchst komisch, da sie schon Gespräche über Schwangerschaften, waren Männer zugegen, für deplatziert hielt. Ihr Sohn Timoteo sagte, er könne sich nicht vorstellen, wie sie die sechs Kinder bekommen habe. Die Teestunde war immer ein wenig anstrengend, da sie Schriftsteller kritiklos bewunderte und mich damit einschloss. Unbedingt wollte sie den Roman *Heißer Sommer* lesen, an dem ich damals schrieb. Darin hätten ihr viele unanständige Wörter auffallen müssen, und einige Szenen hätten sie tief schockiert. Nachdem der Roman erschienen war, musste ich mir bei den späteren Besuchen immer wieder neue Ausreden ausdenken, warum ich das Buch vergessen hatte.

Jetzt über sie schreibend, bedaure ich, sie nicht genauer über ihr Leben befragt zu haben, das von dem gebildeten bürgerlichen Wohlstand in die Boheme und von dort in die Armut und Emigration führte. Sie starb hundertjährig in Villa Gesell.

Ihr Sohn Timoteo war nach einigen Zwischenstationen auf die Estancia Orion gegangen. Dreiundzwanzig Jahre arbeitete er dort, erst als Mayordomo, später als Verwalter. Ein Besitz von sechstausend Rindern (Holando Argentino) sowie vierundsiebzig Angestellten, Landarbeitern und sesshaft gewordenen Gauchos.

Dagmars Vater fuhr zweimal im Jahr zur Orion,

um, so die Sprachregelung, nach dem Rechten zu sehen. Nach zwölf Stunden Autofahrt kamen wir aus dem herbstlich kühlen Villa Gesell in die heiße Provinz Santa Fé. Es war schon dunkel geworden und hatte heftig zu regnen begonnen. Wir waren mit dem Wagen in dem seifigen Schlamm der Straße stecken geblieben. Kein Schieben, kein Drücken, kein langsames Anfahren über herbeigeholte Äste half, wir saßen fest. Timoteo Henckels kam mit einem Range Rover. Er hatte vermutet, dass wir liegen geblieben waren. Ein gedrungener, kräftiger Mann, intelligent, witzig, im Sinne des Wortes weltläufig, eher wortkarg, aber dann auch wieder ein großartiger Erzähler mit einer genauen Beobachtungsgabe und einem guten Maß Selbstironie. Diese Geschichten: wie er mit Carlos Gesell in den Dünen arbeitete, wie sie mit dem Strandhafer und mit Teer experimentierten; die Geschichten aus dem Deutschland der Nazis, dem er entfliehen musste, die Verachtung gegenüber der dumpfen völkischen Ideologie, dieser Vorstellung vom Herrenmenschen. Gespräche am Kamin der Estancia, der natürlich bei den herrschenden zweiundvierzig Grad nicht geheizt war. Das Haupthaus hatte keine Klimaanlage, lediglich große, sich träge an der Decke drehende Ventilatoren. Timoteo Henckels war der Verwalter, nicht der Besitzer der Estancia, aber er hatte, wie man bald merkte, das Sagen, auch gegenüber den

Besitzern. Sie lebten fern in Buenos Aires, in Deutschland und in Gesell und kamen nur hin und wieder und blätterten den Geschäftsbericht durch.

Henckels war mit einer Frau verheiratet, die freundlich, aber immer ein wenig abwesend wirkte. Bei Tisch sprach sie manchmal leise vor sich hin, schüttelte den Kopf. Sie konnte keine Kinder bekommen. Zum Ausgleich hatte sie ein immenses Interesse an den Kindern, Enkeln, Neffen, Nichten und Großnichten all ihrer Bekannten und Freunde. Sie zeichnete komplizierte Stammbäume, nicht nur mit den Ästen Lebender und Gestorbener, sondern auch mit den Ästen der möglicherweise noch Kommenden. Das waren kleine, gestrichelte Blasen, in denen ein oder zwei Fragezeichen das Geschlecht offenließen.

Henckels war in Argentinien viel gereist, auch in Patagonien, und in den Jahrzehnten auf dem Camp Zeuge höchst merkwürdiger Begebenheiten geworden. Eine der spannenden, unheimlichen Geschichten, die er an einem der Abende erzählte, handelte von einem komplizierten Raubmord auf einer abgelegenen Estancia, zu dessen Aufklärung ein Landstreicher beitrug. Paradox genug, die Geschichte war derart spannend und verwickelt, dass wir alle, Dagmar, ihre Mutter, ihr Vater und ich, sie später nicht mehr rekonstruieren konnten.

Sonja, die Tochter von Silvio Gesell, Halbschwester von Carlos, die als Kind die Bepflanzung der Düne miterlebt hatte, war Krankenschwester geworden und hatte die Kenntnisse einer Professorin der Volkswirtschaft, jedenfalls was die Theorie der Freiwirtschaft betraf. Sie hatte nach dem Tod von Dagmars Mutter den Haushalt des Vaters übernommen, kam morgens zu Fuß mit der Einkaufstasche von ihrem kleinen, von Rosen umwucherten Haus und ging, sie weigerte sich, im Auto gefahren zu werden, am Abend wieder zurück. Mit ihr veränderten sich die Ferien und wurden durch politische und wirtschaftliche Diskussionen angereichert.

Sonja hatte sich in die von ihrem Vater propagierte Freiwirtschaft und in seine Schwundgeldtheorie intensiv eingearbeitet und vertrat sie, sprach man sie auf politische oder wirtschaftliche Probleme an, mit entschiedener Sicherheit. Sie war nicht gläubig, aber die Lehre der Freiwirtschaft als eine alle gesellschaftlichen Konflikte lösende Wirtschaftsordnung vertrat sie mit der tiefen Überzeugung einer religiös Erweckten.

Papa hat gesagt, so leitete sie zu den Überlegungen und Geldtheorien ihres Vaters über und blickte uns dabei mit großen, starr blickenden blauen Augen an. Diese Geldtheorie war die uns trennende Auseinandersetzung: Ist es das Geld, das die Krisen des Kapitalismus hervorruft, oder sind es der Besitz und die

Verfügung über die Produktionsmittel? All die Fragen, die in München in den marxistischen Gruppen diskutiert wurden, fanden hier ihre Fortsetzung. War das Übel, wie ich behauptete, die in der Logik des Kapitals liegende Überproduktion und der tendenzielle Fall der Profitrate oder, wie Gesell behauptete, das Horten des Geldes? Ist Geld eine Ware wie andere Waren, auch wie die Ware Arbeitskraft, was Silvio Gesell behauptet, oder ist es nur das Schmiermittel im Tausch der Waren, wie Karl Marx sagt? Das hört sich sehr einfach an, aber bei der Verfeinerung der Diskussion, was denn nun produktive Arbeit sei und was nicht, konnte man sich in scholastischen Erörterungen verlieren, wie auch darüber, was Zins ist und wie er sich bildet. Ist er Teil der Produktionsverhältnisse und resultiert damit letztlich aus der Arbeitskraft, oder entsteht er allein durch das Horten von Geld?

Silvio Gesell glaubte, den Grund der Wirtschaftskrisen und der ungleichen Verteilung der Reichtümer im Horten des Geldes und im Zins gefunden zu haben. Das Geld sei eine Ware, und so solle es auch behandelt werden. Der Gebrauchswert der Waren, auch der Ware Arbeitskraft, nutzten sich ab. Um das Horten von Geld und damit die Zinsen zu unterbinden, solle auch Geld sich abnutzen, es müsse gleichsam rosten. Wenn das Geld nicht wieder investiert oder im Konsum ausgegeben werde, solle es kontinuierlich durch einen entsprechenden Aufdruck an Wert verlieren. Silvio Gesell wollte den Zins in einem Meer von Kapital ersäufen, was nicht so unähnlich dem war, was der Chef der Europäischen Bank, Mario Draghi, mit der Nullzinspolitik praktiziert hat. Sparen lohnt sich nicht. Das utopische Ziel dieser Wirtschaftspolitik war die Verhinderung der kapitalistischen Krisen und eine gerechtere Verteilung der Reichtümer. Damit das sich ständig entwertende Freigeld nicht in den Besitz von Grund und Boden gesteckt werden konnte, sollte der Bodenbesitz gegen Entschädigung vergesellschaftet und nur den arbeitenden Nutzern überlassen werden.

Aus den Einkünften, hat Papa geschrieben, sagte Sonja, soll die Mütterrente gezahlt werden. Sie sollte Frauen erlauben, Kinder zu bekommen ohne Eheschließung, ohne Abhängigkeit vom Mann, also aus Liebe.

Sonja selbst war ein Kind der Liebe, wie das genannt wurde. Von vier Frauen hatte Silvio Gesell sieben Kinder.

Ein Mann, der Frauen regelrecht anzog, eine hohe Stirn, gleichmäßige, ernste Gesichtszüge, blondes Haar, ein akkurat geschnittener Vollbart, hellblaue Augen. Ein Foto zeigt ihn, er sitzt auf einer Wiese, wahrscheinlich in der Gartenbaukolonie Eden, er sitzt da, im Anzug, den Hut auf dem Kopf, und ist von Frauen umgeben, die ihm zugeneigt lauschen, wie er von dem Zitieren volkswirtschaftlicher Daten und Statistiken um- und überspringen konnte auf eine Alltagsgeschichte, die er bezeichnend für die Freiheit und Selbstbestimmung des Menschen und in diesem Fall der Frau hielt. Wie etwa diese Erzählung: Im Englischen Garten in München hatte er eine Frau beobachtet, die sich einem Pferd, das dahergaloppiert kam, den Reiter wohl abgeworfen hatte, in den Weg stellte, die Arme ausgebreitet, und das Tier durch eine laute, melodisch gesungene Tonfolge beruhigen und an den Zügeln fassen konnte.

Silvio Gesell, Unternehmer und Finanztheoretiker, der sich selbst Akrat nannte, war nicht nur der Erfinder der Freiwirtschaft und des Freigelds, sondern 1919 auch sieben Tage lang Volksbeauftragter für Finanzen in der Münchner Räterepublik gewesen. Seine Wirtschaftsutopie einer gerechten, krisenfreien Freiwirtschaft konnte er in den wenigen Tagen und bei der Konflikthäufung unter den Revolutionären allerdings nicht verwirklichen. Die Räterepublik in München war für jene sieben Tage ein utopischer Ort, in dem im Jetzt verwirklicht werden sollten: Freiheit, Gleichheit, auch die von Mann und Frau, mit dem Ziel, niemand solle arm und niemand solle reich sein. Silvio Gesell schreibt: *Reichtum und Armut sind gleichmäßig verkehrte Zustände. Sie gehören nicht in einen geordneten Staat. Sie sind mit dem Bürger- und Völkerfrieden unvereinbar. (...) Armut ist eine Kette und Reichtum ist eine Kette. Und der Anblick von Ketten muss jedem Freien ein Gräuel sein. Wo er sie sieht, muss er sie brechen.*

Die Sprache der aus der anarchistischen Bewegung kommenden Revolutionäre Gustav Landauer, Silvio Gesell und Erich Mühsam hat in ihrer Verheißung religiöse Anklänge, Pathos ist darin, viel Poesie und Phantasie. Der gesunde Menschenverstand, wie er sich selbst nennt, machte sich – und macht sich – über die beteiligten bärtigen Revolutionäre und ihre friedliche Revolution lustig. Aber das, was als mögliche Emanzipation, als Ruf nach Freiheit, Gerechtigkeit, Gleichheit, durch Enteignung von Besitz und Grund und Boden in die Wirklichkeit hätte überführt werden sollen, nahm das Bürgertum sehr ernst. Die zweite Räteregierung mit kommunistischer Beteiligung wurde von den Freikorps und der Reichswehr mit äußerster Brutalität niedergeschlagen. Hunderte von Arbeitern, die ihre Republik rechtmäßig verteidigt hatten, wurden gefoltert und ermordet. Ein Hass, der seinen tieferen Grund im Selbsthass der im Krieg verrohten Freikorpsmänner hatte, in all den durch Pflicht, Gehorsam und Tapferkeit verdrängten Wünschen. Dass der Mensch, wie der Philosoph Landauer sagt, dem Menschen ein Bruder sei und ihm nicht durch Gewalt, sondern durch gegenseitige Hilfe verbunden bleibe, entfesselte den Hass jener, deren Selbstverständnis auf dem Recht des Stärkeren und auf Hierarchie fußte. Der jüdische Pazifist Gustav Landauer, Volksbeauftragter für Volksaufklärung, hatte als erste seiner Amtshandlungen 1919 die Prügelstrafe an Schulen verboten. Landauer wurde, zu der Zeit gehörte er nicht mehr der Regierung an, misshandelt und erschossen. Der Dichter Ernst Toller wurde verhaftet und wäre wohl hingerichtet worden, hätte nicht sein Professor Max Weber für ihn gutgesagt. Er wurde zu einer fünfjährigen Festungshaft verurteilt. Silvio Gesell wurde gleichfalls verhaftet und nach mehreren Monaten Gefängnis wegen Hochverrats angeklagt. Vor dem Standgericht verteidigte er sich selbst und wurde 1919 freigesprochen.

Während seiner Haftzeit teilte er sich die Zelle mit Gustav Gräser, auch einem dieser Träumer eines Garten Edens auf Erden, Mitbegründer der Reformsiedlung Monte Verità. Silvio Gesell half, eine seiner Schriften zu finanzieren.

Wir standen in der Küche, da die anderen Hausbewohner, der Diskussion der Freiwirtschaft überdrüssig, zu Bett gegangen waren, und diskutierten weiter: Nein, sagte Sonja, die marxsche Analyse ist falsch, Papa hat nachgewiesen, dass die Marktwirtschaft dem Wesen des Menschen sehr wohl entspricht.

Nur die Verteilung ist ungerecht. Der Kapitalismus ist die richtige, erfolgreiche, auf Wettbewerb gegründete Wirtschaftsform. Nur der Zins schafft Ungerechtigkeit, Krisen und Kriege. Die Freiwirtschaft ist, sagten wir, eine extrem liberale Wirtschaftsform. Wer über die Produktionsmittel verfügt, sie besitzt, bestimmt weiter über das, was produziert wird und wie. Und überhaupt ist die kapitalistische Gesellschaft das Zur-Ware-Werden aller Menschen, es führt zur Verdinglichung und Selbstentfremdung, auch der Kapitalisten, doch mit dem Unterschied, dass die sich darin wohlfühlen. Allein der Umsturz der Besitzverhältnisse, die Vergesellschaftung der Produktionsmittel, bringt eine soziale Veränderung zu mehr Gleichheit und sinnvoller Produktion.

Die Besitzer sollen ihren Besitz, wenn sie denn arbeiten und ihn mehren, behalten. Der Tüchtige soll gut verdienen, der Fleißige auch, sagte sie.

Warum, fragten wir, sollten die Besitzer von Grund und Boden ihren Besitz, wie Silvio Gesell vorschlägt, an die Gesellschaft verkaufen, da ihr Geld dann entwertet würde? Das würde nur durch eine Revolution und durch revolutionäre Gewalt möglich sein.

Nein, keine Gewalt. Papa war strikt gegen Gewalt. Die Wirtschaft würde sich durch die Einführung des Freigelds aus sich heraus verändern. Die Zinsen würden sinken, die sozialen Unterschiede sich langsam ausgleichen, die Arbeiter hätten das Recht auf den vollen Arbeitsertrag.

Diese akademischen Diskussionen führten wir, die wir Jahr für Jahr über Weihnachten nach Argentinien kamen, als dort die Diktatur der Generäle den Krieg – wie die Generäle es nannten – gegen alle Subversiven führten. Es war geheim gehaltener Staatsterror. Und unser Urlaub, der immer auch Arbeitsurlaub war, konnte nicht mehr mit der früheren unschuldigen Gelassenheit erlebt werden. So ruhig der Badeort Gesell auch war, so wusste man doch von der Pressezensur, von Verhaftungen, vor allem, und das war das Infernalische der Militärdiktatur, von dem willkürlichen Verschwinden der Menschen, die mit linken Organisationen in Verbindung gebracht wurden. Waren sie im Gefängnis? Waren sie in Konzentrationslagern interniert? Dass sie in den Kasernen gefoltert und getötet wurden, drang erst allmählich durch. Und Jahre später wurde das Ausmaß des von der Junta befohlenen Massenmords bekannt, es waren Tausende, Zehntausende, die in Massengräbern verscharrt oder aus Militärflugzeugen ins Meer geworfen wurden. Auch aus dem so lebenslustigen Villa Gesell war, wie wir später hörten, eine Lehrerin verschwunden.

Was tun? Wir waren, wie wir jetzt deutlich spürten, Touristen, auch Dagmar, die hier aufgewachsen war. Wir waren, das ist die bedrückende Wahrheit, nur auf der Durchreise. Einmal konnten wir einem Genossen, dem chilenischen Schriftsteller Ariel Dorfman, der in der Regierung Allendes gearbeitet hatte und nach dem Putsch General Pinochets aus Chile geflohen war, ein wenig helfen. Er hatte nichts weiter am Leib als Hemd, Hose und Turnschuhe. Er fand dann Exil in Frankreich und später in den USA.

Etwas war grundsätzlich anders geworden. Dazu trugen auch unsere Kinder bei, Tobias und Bettina, die uns jetzt nach Argentinien begleiteten. Es war nicht mehr die Leichtigkeit des Nicht-Verpflichtetseins, des Unverbindlichen, des Ungebundenseins. Wir arbeiteten, schrieben und diskutierten, während Menschen gefoltert und getötet wurden. Jetzt war es ein Urlaub mit Beschämung.

Keine Gewalt, sagte Sonja, Papa war strenger Pazifist. Die Verhältnisse können nur friedlich geändert werden. Die Utopie der Freiwirtschaft kann Wirklichkeit werden.

Aber wo und wie, fragten wir, wo ist das gelungen?

Es gibt Beispiele, die zeigen, dass die Freiwirtschaft in der Praxis funktioniert. Versuche, die aus Überzeugung und Einsicht gemacht wurden, und dann nannte sie einen Ort, von dem wir nie gehört hatten. Wörgl in Österreich. 1932 hat der Bürgermeister in der Wirtschaftskrise umlaufgesichertes Freigeld nach der Theorie von Papa ausgegeben. In kurzer Zeit blühte die

Wirtschaft im Ort, wuchsen die Einnahmen und die Zahl der Beschäftigten, während rundum Arbeitslosigkeit und Rezession herrschten. Das Wunder von Wörgl. Sogar der französische Finanzminister und spätere Premierminister Édouard Daladier kam nach Wörgl, um die Freiwirtschaft dort zu studieren. Der Versuch wurde vom österreichischen Staat unterbunden, er verbot das Freigeld. Und dann, hier, Villa Gesell, ist das etwa kein Beweis seiner Theorie?

Nun ja, sagten wir und wollten diese großherzige, hilfsbereite Sonja nicht kränken, gut, ja, schon.

Ich habe den Propheten gesehen, wie er in seinem alten Jeep über die Hauptstraße fuhr, erst über die staubige Erdstraße, später über die asphaltierte Hauptstraße. Man sagte, man solle, wenn er angebraust komme, schnell das Weite suchen. Er sei verkalkt.

Aber so schien er mir nicht, als ich die Gelegenheit hatte, ihn zu besuchen. Eine aufragende, ja mächtige Gestalt mit einem großen, kahlen Kopf, einem weißen Bart. Altersweise erschien er mir, milde, aber mit diesem eigentümlichen Blick des Tagträumers.

Der Besuch in seinem Haus hatte einen Anlass, ich weiß nicht mehr, welcher es war. Der hundertjährige Geburtstag von Bröseliblätterteig? Das war der Spitzname von Tante Lörchen aus dem Silvio-Gesell-Clan. Eine zerbrechlich zarte weißhaarige Dame, erzogen auf der École Sacré-Cœur, sie war die Erste, die später auf dem von Carlos Gesell gestifteten Friedhof begraben wurde. Mit ihr, der ersten Begrabenen, bekam die Stadt ihre Wurzeln, ihre Geschichte.

Die große Familie Gesell war um ihr Oberhaupt Carlos versammelt, die alten Pioniere der Dünen, seine Frau, seine Halbschwestern Sonja und die kleinwüchsige Dodo, Tito Tomys, der Mann mit den großen Händen, und seine Frau, ebenfalls aus Eden kommend, und all die ehelichen und unehelichen Nachkommen Silvio Gesells. Der Prophet war freundlich, eine selbstsichere Gelassenheit ging von ihm aus, nichts Hektisches, wie ich vermutet hatte. Es gab keinen Alkohol. Fruchtsaft aus dem eigenen Anbau der vor Jahrzehnten gepflanzten Obstbäume. Geredet wurde über Projekte: ein Freilichtkino, eine Fischermole, eine Turnhalle oder was auch immer. Dieser Mann war, wie Ernst Bloch sagt, verliebt ins Gelingen.

Er hatte die Stadt gegründet. Hatte sie buchstäblich hier in die Dünen gepflanzt. Die Stadt war so anders geworden als geplant. Aber sie lebte. Sie wuchs. Die Argentinier liebten die Legende vom verrückten Deutschen in den Dünen. Die jungen Leute trafen sich hier, wo früher nur Sand gewesen war. Er war zufrieden, das war mein Eindruck.

Später hörte ich, dass ein Teil der Familie ihn entmündigen wollte. Sie hatten die Befürchtung, ihr Erbe zu verlieren. Er wolle, hieß es, irgendwo Sumpfland aufkaufen und es trockenlegen. Dort würden sich einmal Menschen tummeln.

Es liegt nahe, diesen umtriebigen, mit Chemikalien experimentierenden, eine Verpuffung auslösenden Jungen, den in der Bibliothek in Chicago Studierenden, nach einem durch Sonnenlicht betriebenen Kühlschrank Forschenden, den Erfinder des tropentauglichen Kinderwagens, den im Dünensand wühlenden Carlos Gesell, der am Ende seines Lebens einen Sumpf trockenlegen will, mit dem Doktor Faust zu vergleichen. Es fehlt das grübelnd Metaphysische, das raffiniert Spekulative, aber doch erstaunlich ist diese Parallele – und wer weiß, aus welcher Kinderlektüre oder Kindheitserzählung solche Lebenskonstellationen sich bilden –: wenn Faust, nachdem er das Land aus dem Meeresboden gewonnen und die beiden Alten, Philemon und Baucis, von den *Dünen*, wie es in der Tragödie heißt, hat vertreiben lassen, in dem letzten Monolog vor seinem Tod sagt: *Ein Sumpf zieht am Gebirge hin, / Verpestet alles schon Errungene; / Den faulen Pfuhl auch abzuziehen, / Das Letzte wär' das Höchsterrungene.*

Auch Carlos Gesell konnte den Sumpf nicht mehr trockenlegen. Wie ich hörte, gelang es jedoch nicht, das Vormundschaftsgericht von seiner Senilität zu überzeugen. Er starb mit achtundachtzig Jahren.

Ein Künstler wurde beauftragt, ein Denkmal zu schaffen. Es entstand eine gewaltige Holzstatue in der Form eines indianischen Totems. Er ist gut zu erkennen, der Prophet, seine hohe Stirn, der Bart, ein stilisierter Adler mit ausgebreiteten Schwingen sitzt auf seinem Kopf, so steht er am Ortseingang, etwas bunt und sehr groß, der Gründer der Stadt, die er, auch wenn das in Vergessenheit geriet, nach seinem Vater benannte: Villa Silvio Gesell.

Reise nach Paraguay 1984

Im Anflug auf Asunción sieht man den Río Paraguay, einen breiten gelbbraunen Strom mit dicht bebuschten Inseln, die hier die Grenze zwischen Argentinien und Paraguay bilden, dann, nach einer weiten Flussbiegung, kommt die Stadt in den Blick: Straßen wie mit dem Lineal gezogen, quadratische Häuserblocks, dazwischen ein paar Kirchen und einige Hochhäuser – das ist die Altstadt. Zum freien Land hin krümmen und verwinkeln sich die Straßen und Wege mit den Neubauten, Häuser mit eigentümlich verschachtelten Dächern, auf denen, wie man jetzt deutlich erkennen kann, Wassertanks stehen. Die Maschine landet auf dem Aeropuerto Presidente Stroessner.

Gleich nach der Ankunft im Flughafengebäude, einem großen Neubau, kann man ihn sehen: überlebensgroß, in Öl, er reicht über zwei Stockwerke und sieht aus wie ein bayerischer Gastwirt, den man in einen Frack gezwängt hat, die Präsidentenschärpe über dem mächtigen Bauch, einen großen Orden an der Brust, die blauen Augen leuchten, El Excelentísimo, der Präsident der Republik Paraguay, der General des Heeres, der Oberkommandierende aller Streitkräfte, der oberste Richter seines Landes – Don Alfredo Stroessner. Sein Name und sein Bild werden mich von nun an im Lande begleiten.

Das Taxi, ein klappriger Ford, aus dessen aufgeplatztem Rücksitz rosaroter Schaumgummi quillt, wird am Ausgang des Flughafens vor einem Schlagbaum gestoppt. Ein Soldat notiert sich die Nummer des Taxis und lässt sich meinen Pass zeigen. Ein anderer Posten sitzt im Schatten des Wachhäuschens, den Helm im Genick, die Maschinenpistole über den Knien, und kaut Fingernägel. Der Taxifahrer reicht einen Geldschein raus, der Schlagbaum geht hoch, und wir fahren auf einer breiten, frisch asphaltierten Straße in Richtung Stadt. Am Straßenrand stehen Tamarisken, Palmen und Eukalyptusbäume, dazwischen Reklameschilder: Coca-Cola, Siemens, Ford. Männer in Overalls mähen den Rasen und sammeln Papier auf. Es ist eine, für Südamerika, ganz ungewöhnlich saubere Straße, die dann in einen Villenvorort von Asunción mündet. Der Taxifahrer, ein alter Mann mit einem vom Nikotin gelb eingefärbten Schnurrbart, erzählt mir, dass in dieser Gegend der aus Nicaragua geflohene Diktator Somoza ermordet worden sei, und als ich nachfrage, macht er einen kleinen Umweg und zeigt mir die Kreuzung, wo Somozas Mercedes von einer Panzerfaust zerrissen wurde. Die Karosserie war weg, aber der Motor lief noch. Industria alemana, sagt der Taxifahrer und grinst, was wohl so viel wie deutsche Wertarbeit heißen soll. Das Attentat soll angeblich von den Attentätern gefilmt worden sein. Die Polizei fand später ein Videostativ. Das war 1980. Der Tod Somozas hat die Machthaber Paraguays mächtig aufgeschreckt, erzählt er, bis zu dem Zeitpunkt glaubten sie sich ziemlich sicher. Stroessner hatte, als er 1954 durch einen Putsch an die Macht kam, radikal mit der Opposition aufgeräumt. Damals schwammen die Leichen der Gefolterten im Río Paraguay, und gefesselte Menschen fielen aus Flugzeugen.

Fast eine Million Menschen haben seitdem das Land verlassen, eine sehr hohe Zahl bei den nur drei Millionen Einwohnern. Nach dem Attentat auf Somoza kam es zu Verhaftungswellen, Kontrollen, und die Zensur wurde abermals verstärkt. Zwar werden noch immer die Straßen abgesperrt, wenn El Excelentísimo zu seiner Residenz fährt, aber es ist ein ruhiges Land, sagt der Taxifahrer, es gibt nichts Vergleichbares zu dem Widerstand in Chile gegen das Pinochet-Regime. In Paraguay explodieren keine Bomben, es kommt zu keinen Streiks und zu keinen

Demonstrationen. Man sieht keine Anti-Stroessner-Parolen an den Hausmauern. Tatsächlich sind diese mit Plakaten vollgepflastert, auf denen Don Alfredo zu sehen ist, beim Eröffnen einer Schule, im Gespräch mit Studenten oder Landarbeitern, im Kreise von Militärs, Priestern und Kleinkindern. Die Plakate feiern den dreißigsten Jahrestag der Machtergreifung der stroessnerschen *Demokratur,* so nennt sie sich selbst. Stroessner lässt sich alle fünf Jahre wiederwählen, wobei an dem jeweiligen Wahltag, also für vierundzwanzig Stunden, der Ausnahmezustand in Asunción aufgehoben wird. Da, wo der Mächtige den Ausnahmezustand erklären kann, wie Excelentísimo Stroessner, wird er zum Souverän. Wobei das Vertrackte dieser Machtkonstruktion in der Aufhebung des Ausnahmezustands liegt, mit der die freie Wahl sich selbst wieder als unfrei aufhebt.

Der Ausnahmezustand wurde in den dreißig Jahren zum Normalzustand, das heißt: permanente Zensur, Versammlungs- und Demonstrationsverbot, willkürliche Verhaftungen und beliebig lange Gefängnishaft ohne Anklage. Hin und wieder verschwindet einer, hin und wieder wird jemand gefoltert, das garantiert die Ruhe im Land, das ist die Ordnung der stroessnerschen Demokratur.

Der Besitzer des Hotels, in dem ich wohne, ein Deutscher, sagt mir dann auch gleich ungefragt: Die

Bevölkerung in Paraguay ist zufrieden, Sie können sich selbst davon überzeugen.

Es ist die Zufriedenheit derer, die nichts anderes kennen, sagt mir später Ricardo, einer jener Journalisten, die bei der Zeitschrift *ABC Color* gearbeitet und dort eine regimekritische Berichterstattung durchgesetzt haben, bis die Zeitschrift im März 1984 von Stroessner verboten wurde. In welchem Maße sich die Bevölkerung inzwischen mit der Diktatur abgefunden hat, macht viele der oppositionellen Intellektuellen mutlos. Für diese Gleichgültigkeit gegenüber dem Regime gibt es, neben dem wohldosierten Schrecken, der die Ruhe garantiert, auch geschichtliche und ökonomische Gründe. Letztere kann man sehen, wenn man durch die Stadt geht. Es gibt keine Industriebetriebe. Ein paar Fabriken, in denen Sprudel, Limonade und Coca-Cola hergestellt werden, ein paar Ölmühlen und Konservendosenfabriken, das ist alles. Dafür gibt es allenthalben Banken, kleine und große. Die Hochhäuser in der Stadt sind, bis auf ein Hotel, bombastische Bauten von Großbanken, die amerikanischen dominieren neben den paraguayischen. Das Land lebt vom Handel, genauer vom Schmuggel. In der Innenstadt reiht sich ein Laden an den anderen, meist kleine Klitschen, in denen man Schnaps, Zigaretten, Uhren und Fotoapparate billig kaufen kann: eine rege Untergrundwirtschaft, die das Tageslicht nicht zu scheuen braucht und die nach offiziellen Schätzungen mehr als die Hälfte vom Im- und Export des Landes ausmacht. Nach Asunción kommen die Argentinier und Brasilianer, um billig einzukaufen, vom Pierre-Cardin-Fummel bis zum Agfa-Film. Whisky und Zigaretten werden in großem Umfang auch in die angrenzenden Länder geschmuggelt. Wer sich darüber genauer informieren will, kann das in dem Roman *Die Reisen mit meiner Tante* von Graham Greene nachlesen. Am Schmuggel verdienen Zoll, Polizei und Militär kräftig mit. Das Gehalt der Beamten, der Sold der Soldaten sind so niedrig, dass Bestechungsgelder ein ganz selbstverständlicher Zuverdienst sind, und zwar vom Gemeinen bis zum General, selbstverständlich mit der dem Rang entsprechenden Progression. Schon bei der Ankunft kann man mit einer Zehn-Dollar-Note unkontrolliert durch den Zoll kommen. Will man einen Container ins Land holen, kostet es entsprechend mehr. Es gibt Agenturen, bei denen man sich über die aktuellen Preise der Dienststellen und Beamten erkundigen kann, selbstverständlich abermals gegen ein sattes Honorar. Während die Bürokraten und die Militärs nur die Hand aufhalten, um die Augen zuzumachen, müssen sich die kleinen Gauner die Hacken ablaufen. Das sind die Leute, die einem in der Stadt, aber auch in der Provinz auf Schritt und Tritt japanische Uhren

und in Südkorea imitierte Dupont-Feuerzeuge an-
drehen wollen. Die großen Schieber sitzen indessen
in den Villen und Schlössern von Asunción.

Am dritten Tag meines Aufenthaltes fährt mich Armin Steuer (ich möchte mich an dieser Stelle bei dem
aufrechten Mann bedanken), ein Deutscher, der mit
einem offiziellen Auftrag im Land ist, durch die Stadt
und zeigt mir den Wohnsitz des Militärkommandan-
ten von Asunción, General Andrés Rodríguez. Es ist
ein veritables Schloss, im Stil des Buckingham-Palas-
tes. Der General, der einen ausgewiesenen Monats-
sold von fünfhundertfünfzig Dollar bekommt, soll
sich diesen Prachtbau, wie sich das Volk erzählt, dadurch erspart haben, dass er sich das Rauchen abge-
wöhnte. Tatsächlich aber machte General Rodríguez
seine Millionen im Heroinhandel, der von Bolivien
über Paraguay in alle Welt geht. Darüber hinaus ist
General Rodríguez mit dem Diktator familiär verbunden, seine Tochter ist mit Stroessners Sohn verheiratet. Ein Whiskyschmuggler hat sich – Häuser
sind hier ein Prestigesymbol – einen Palast in post-
moderner Architektur bauen lassen, ein anderer ließ
sich – was etwas über den Geschmack der paraguayischen Bourgeoisie verrät – exakt das Landhaus aus
dem Film *Vom Winde verweht* nachbauen. Ich habe
im Ausland selten so viele Mercedes-Sterne und blau-

weiße BMW-Wapperl gesehen wie hier, die Reichen protzen mit ihrem Reichtum, allerdings verkriecht sich auch die Armut nicht. Auf den Einkaufsstraßen der Innenstadt sieht man die behinderten und kranken Menschen auf dem Pflaster sitzen und betteln. Wer aus dieser Schmier-Gesellschaft herausfällt, landet geradewegs in der Gosse. Eine Sozialfürsorge, wenn man von kirchlicher Wohltätigkeit absieht, gibt es nicht. Ich habe eine psychiatrische Anstalt gesehen: Die Menschen lagen nackt auf dem Beton. Ein Mann in Gummistiefeln spritzte mit einem Gartenschlauch Scheiße und Urin vom Boden.

Das Hotel, in dem ich wohne, liegt in der Nähe des Bahnhofs. Es soll der älteste Bahnhof in Südamerika sein, und er ist im viktorianischen Stil erbaut. Zweimal am Tag geht von hier ein Zug ab, der eine nach Norden, der andere nach Süden, der das gut 2000 Kilometer entfernt liegende Buenos Aires nach einer dreitägigen Fahrt erreicht. Die Lokomotive wird noch mit Holz geheizt, und es kommt vor, dass der Heizer unterwegs aussteigen und etwas Holz schlagen muss, damit es weitergeht. In der Nähe des Bahnhofs liegt die Kathedrale. Ein Schwein hebt müde seinen Kopf, als ich durch das Portal in das dämmrige Kirchenschiff trete. Das Tier hat sich vor der Nachmittagshitze auf die kühlen Steinfliesen gerettet. Die Wände sind mit Devotionalien vollgehängt. Ein Christus hebt und senkt, geht man vorbei, inbrünstig die blau irisierenden Augen. *Pater, peccavi!*

An dieser Stelle wurde 1537 Asunción gegründet. Die Spanier, die hierherkamen, vermischten sich mit den Guaraní-Indianern. Eine Tafel vor der Kathedrale erinnert daran. Damals durfte sich jeder Soldat angeblich fünfzig Frauen nehmen. Die heutige Bevölkerung stammt zu fünfundneunzig Prozent aus diesem Konquistadorenharem. Sie spricht noch immer Guaraní, die Sprache der Ureinwohner, eine klangvolle, melodische Sprache.

Ein paar Hundert Meter entfernt von der Kathedrale steht der Präsidentenpalast, den im letzten Jahrhundert, direkt am Flussufer, der Diktator Carlos Antonio López für seinen Sohn erbauen ließ. Unmittelbar neben dem Palast, am Ufer, liegt einer der wenigen Slums von Asunción. Hütten aus Wellblech und Sperrholz, teilweise auf wackeligen Pfählen, um die Bewohner vor dem alljährlichen Hochwasser zu schützen. Schweine stöbern im Schlamm, Hühner von einer beängstigenden Größe springen in die Luft und schnappen nach Heuschrecken, räudige Katzen, abgemagerte Hunde, dazwischen spielen Kinder und verbrennen einen Gummireifen, blau und stinkend zieht der Rauch herüber. Vor zwei Jahren wurde die Siedlung mit einem gut zwei Meter hohen Bretterzaun verdeckt, damit das Auge des Herrschers die dreckige Armut nicht sehen muss. Was Stroessner hingegen gut im Blick hat, ist das Hafenviertel auf der anderen Seite des Palastes. Direkt an der Ecke liegt die Bar *Orion*, vor der, es ist später Nachmittag, zwei grell geschminkte Nutten und ein paar angesoffene Matrosen stehen. Der Präsident regiert, das könnte aus einem der lateinamerikanischen Diktatorenepen stammen, zwischen dem Grunzen der Schweine und dem Gackern der Hühner auf der einen und dem Kreischen und Gelächter der Nutten auf der anderen Seite. Allerdings darf man dem Palast nicht zu nahe kommen, denn plötzlich werden die Soldaten der Präsidentengarde munter, die eben noch schläfrig unter ihren Helmen dastanden, entsichern und legen sogar die MP an. Man hat schleunigst zu verschwinden. Ich wollte mir lediglich die riesige Uhr näher ansehen, die in der Mitte des Rasens vor dem Palast am Boden liegt. Gute zehn Meter im Durchmesser, ein schmiedeeiserner Ring, aus demselben Material die römischen Ziffern und Zeiger, alles leicht gekippt, aber doch so, dass man die Uhrzeit richtig nur von oben, also vom Himmel, ablesen kann. Das erinnert, wenn auch ins Monumentale vergrößert, an bundesdeutsche Vorgartenkunst. Vielleicht hat ja Konsul Weyer dem Don Alfredo dieses Kunstwerk aufgeschwatzt? Jedenfalls kann Stroessner von seinem Palast aus nicht sehen, wann es fünf vor zwölf ist. Er soll allerdings auch nur noch selten im Palast sein und die Nächte mal bei dieser, mal bei jener Frau verbringen, erzählt man sich, einerseits aus Sicherheitsgründen, andererseits kann man sich den Caudillo, auch wenn er schon ziemlich hinfällig wirkt, nicht anders denn als einen großen Bock vorstellen. Sein Wohnsitz, in dem seine Frau wohnt, ist abermals ein Schloss im Villenviertel. Sollte ihn dort ein Putsch überraschen – womit niemand im Lande rechnet –, dann könnte er durch eine Gartenpforte in das gegenüberliegende Botschaftsgelände spazieren. Die US-Botschaft residiert auf einem Areal, das fast einem Stadtteil gleichkommt: eine kleine nordamerikanische Stadt inmitten von Asunción. Die Botschaft hat tausendfünfhundert Mitarbeiter. Es handelt sich, man muss nicht lange raten, um eine Zentrale des CIA. Nicht, weil man Paraguay für linksgerichtete Umsturzversuche gefährdet hält, im Gegenteil. Man fühlt sich hier sicher. Man sagt mir, dass hier CIA-Agenten trainiert und auf ihren Einsatz in anderen südamerikanischen Ländern vorbereitet würden. Paraguay, erklärt mir ein Mann der Opposition, war für den CIA die Koordinationszentrale beim Putsch gegen die Volksfront in Chile.

Die wirtschaftlichen Interessen der USA an diesem Land, das außer Schmuggel und Agrarwirtschaft nicht viel zu bieten hat, sind gering. Entsprechend ist auch die wirtschaftlich-technische Hilfe nicht groß, knappe hundertneunzigtausend Dollar im Jahr 1983, und seit der Reagan-Administration gibt es auch wieder Waffenlieferungen zum Vorzugspreis. Man weiß in Washington, dass dieses Land in guten Händen ist. Der Journalist Ricardo vergleicht Stroessner, den er für einen gewieften Taktiker hält, mit einem Jiu-Jitsu-Kämpfer, der durch langsame geschickte Griffe und durch den Einsatz des eigenen Gewichts, aber auch durch das Gewicht des Gegners die oppositionellen Kräfte immer wieder zu Fall bringt, ganz anders als die lärmenden spektakulären Karateschläge eines Pinochet. Stroessner sagt nicht etwa, dass Demokratie etwas Gefährliches sei, im Gegenteil: Er führt sie ständig im Mund. Demokratie ist sicherlich das meistgebrauchte Wort in den Veröffentlichungen des Regimes. Alle fünf Jahre wird gewählt, das Parlament und der Präsident. Kommunisten sind verboten. Aber auch die Christdemokraten. Zugelassen, jedoch nicht im Parlament ist die Febreristen-Partei, die der Sozialistischen Internationale angeschlossen ist. Sie ist, da völlig zerstritten, bis zur Bedeutungslosigkeit geschrumpft, eher ein politischer Debattierklub denn eine Partei, und darum wohl auch vom Regime geduldet.

Die alles beherrschende Partei im Lande sind die Colorados, eine seit 1870 bestehende konservativ-nationale Partei, die Stroessner zu seiner Partei gemacht hat. Es gibt dafür den Begriff des Stronismo (Stroessnerismus ist für eine spanische Zunge unaussprechbar). Was Stronismo meint, kann niemand so recht beantworten. Fest steht nur, dass der Kommunismus bekämpft werden und ansonsten alles beim Alten bleiben soll, also die Armen arm und die Reichen reich. Die Mehrheiten der Colorado-Partei werden durch eine Zwangsmitgliedschaft in dieser Regierungspartei gesichert. Jeder Beamte, jeder Lehrer, überhaupt jeder, der irgendwie und irgendwo an die staatlichen Geldtöpfe will, muss Mitglied der Partei sein. Die Mitgliedsbeiträge werden zumeist gleich von den Gehältern abgebucht. Und doch fragt man sich, wie solche Mehrheitsverhältnisse – mögen da auch manche satten Abrundungen gang und gäbe sein – zustande kommen. Diese politische Situation lässt sich nur aus der Geschichte des Landes erklären: Der Diktator ist im Volk durchaus positiv besetzt. Das Land hat demokratische Verhältnisse nie wirklich über einen längeren Zeitraum kennengelernt.

Das Militär spielt in der Geschichte Paraguays eine fatale Rolle, sagt mir mit einem traurigen Lächeln G., ein Anwalt, früher leitender Funktionär des kommunistischen Jugendverbands, der 1954 als Achtzehnjähriger eingesperrt, gefoltert und später freigelassen wurde. Wir sitzen in einem jener Klubs, in denen man sich in Asunción trifft, Tennis spielt, angelt und auf der Parrilla Fleisch grillt. Eine brasilianische Gruppe tanzt und singt in einem Rhythmus, der die Zuhörer nicht still sitzen lässt. G. meint, die verlustreichen Kriege, insbesondere der gegen den stärkeren Gegner Bolivien gewonnene Chacokrieg, hätten dazu geführt, dass sich die Bevölkerung mit dem Militär überidentifiziere. In der chilenischen oder argentinischen Bevölkerung sei das Militär in der Geschichte nie so positiv besetzt gewesen wie in der paraguayischen. Ich erzähle ihm von Norbert Elias, der in seinen *Studien über die Deutschen* herausgearbeitet hat, wie lange historische Ereignisse als Traumata in einem Volk nachwirken können. Norbert Elias nennt den Dreißigjährigen Krieg, in dem das kleinstaatliche Deutschland den fremden Mächten ausgeliefert war, mit seinen fürchterlichen Verlusten in der Bevölkerung. Daraus folgte die Sehnsucht nach einem starken Reich, und nach dessen Gründung durch Bismarck in den Einigungskriegen war das Bürgertum vom Adel und dem Militär regelrecht berauscht. Hieraus resultierte wiederum eine Militärbegeisterung, die sich in der Mode, im Spielzeug, in der Literatur zeigte, eine Mentalität, die bis in den Ersten Weltkrieg reichte und weiter in die Zeit der Nazis und schließlich in den Untergang führte.

Er versucht, mir geduldig zu erklären, wie Stroessner an die Macht gekommen ist und welche

Generäle zuvor durch Putsch und Gegenputsch Präsidenten waren. Es ist verwirrend. Und die Gewerkschaften? Gibt es Gewerkschaften? Ja, sagt G., die gibt es auch heute noch. 1958 haben die Gewerkschaften einen Generalstreik ausgerufen. Der wurde vom Militär niedergeschlagen. Dreihundert Gewerkschaftsführer wurden verhaftet, gefoltert, etliche verschwanden. Das ist, sagt er, das Muster der Machtausübung seit dem Allmächtigen Dr. Francia. Geschickt setzte Stroessner wieder einen seiner Jiu-Jitsu-Griffe ein. Er löste die Gewerkschaften nicht auf, sondern besetzte die Schlüsselpositionen mit Agenten der Polizei. Zugleich wurden die Gewerkschaften aus dem Etat des Justiz- und Arbeitsministeriums subventioniert. Die Telefonnummer der Gewerkschaftsleitung findet man im Telefonbuch unter der Nummer des Arbeits- und Justizministeriums. Und Don Alfredo wird von der Gewerkschaftsleitung zum ersten Arbeiter der Nation erklärt. Stroessners Arbeit besteht nun nicht allein darin, dass er dafür sorgt, dass alles so bleibt, wie es ist, sondern er stützt eine Umverteilung im Landbesitz. Fast drei Viertel der landwirtschaftlichen Nutzfläche sind in Händen von drei Prozent der Grundbesitzer. Oder um es in einer absoluten Zahl auszudrücken: 1956 gehörten vierzig Prozent des Boden Paraguays – mit Ausnahme des Chacos – hundertundsechs Großgrundbesitzern. Seitdem hat sich das Verhältnis zugunsten der Großgrundbesitzer verändert. Die Estancias mit der besten Bodenqualität sind in den Händen der Generäle und Obersten. In der letzten Zeit sind verstärkt ausländische Besitzer hinzugekommen. US-Konzerne haben Land aufgekauft, zum Beispiel der Konzern *Gulf & Western,* der 60 000 Hektar erworben hat. Wir können bei uns in der Bundesrepublik hin und wieder Landangebote im Immobilienteil der Zeitungen finden. Vor allem aber haben brasilianische Firmen in den letzten Jahren Land in der Nähe des Itaipú-Staudamms auf- und an brasilianische Siedler weiterverkauft. Was verkauft wird, ist entweder Land, das dem Staat Paraguay, also dem Volk, gehört, oder aber es wird den Campesinos, den kleinen Bauern, weggenommen.

Ich habe einen Campesino auf der Fahrt von Itaipú nach Encarnación in einem Überlandbus kennengelernt. Der Bus ist vollgestopft mit Kisten und Körben, die Leute stehen im Gang, zwei sitzen sogar auf dem Armaturenbrett. Es ist heiß und so feucht, dass sich um die Sonne, die wie hinter Milchglas liegt, ein kreisrunder Regenbogen gebildet hat. Über mir im Gepäcknetz quieken zwei Ferkel. Am Gang gegenüber sitzt eine alte Frau, die ein Huhn auf dem Schoß hält, dessen Beine gefesselt sind. Sie hat es, als sie sich setzte, vorsichtig auf den Rücken gelegt, wo es jetzt still, wie hypnotisiert, liegt. Der Mann neben mir spricht ein Spanisch, das ich nur schlecht verstehen kann. Wahrscheinlich ist es mit Guaraní vermischt. Er fragt mich, woher ich komme, wohin ich will, was ich beruflich mache. Ich versuche ihm das zu erklären, zeige ihm Fotos, meinen Pass. Er erzählt, dass er nach Encarnación will, er sagt, er habe immer gearbeitet, wie zum Beweis zeigt er seine Hände, riesige Schaufeln, schwielig, eingerissene Fingernägel. Jetzt hat man ihm das Land weggenommen. Wie es dazu gekommen ist, kann ich nicht verstehen. Aber die Polizei hat ihn vertrieben. Er will in Encarnación zu einem Anwalt. Vielleicht kann der Anwalt etwas für ihn tun. Er zeigt einen Zettel mit einer Adresse und einem Namen, der mir natürlich nichts sagt. An diesem Zettel, an diesem Namen hängt die Hoffnung des Mannes. Wahrscheinlich ist es einer jener mutigen Anwälte im Land, die ihre Klienten auch gegenüber dem Staat verteidigen. Es gibt ja Gesetze, die gültig sind, auch wenn sie, durch den Ausnahmezustand, wiederum ungültig sein können. Das ist dann jeweils eine Ermessensfrage. Es kommt darauf an, hatte mir G., der ja Anwalt ist, in Asunción gesagt, einen Dreh zu finden, dass die Gesetze in dem jeweiligen Fall ihre Geltung bekommen und damit für den Betroffenen Recht werden. Wenn es dazu noch gelingt, die internationale Öffentlichkeit zu mobilisieren, kann das eine oder andere erreicht oder aber verhindert werden.

Seit einigen Jahren ist auch der katholische Klerus auf kritische Distanz zum Regime gegangen, obwohl ich auf einer Parade einige Schwarzröcke in der vordersten Reihe mit den Militärs marschieren sah. Aber die katholische Universität ist, ganz im Gegensatz zur nationalen Universität, zu einem – wenn auch recht bescheidenen – Hort kritischer Geister geworden. Gerade in den letzten Jahren muss die Kritik am Stroessner-Regime auch in der Bourgeoisie gewachsen sein. Die unterentwickelte nationale Industrie leidet unter dem Schmuggel. Die ausländischen Produkte sind – zollfrei – stets billiger als die im Lande produzierten. Auch wurden die wirtschaftlichen Erwartungen, die sich auf den Bau von Itaipú, dem größten Wasserkraftwerk Südamerikas, richteten, enttäuscht. Die Milliardenaufträge gingen zumeist an brasilianische Firmen. Und mit der anfallenden Strommenge, die enorm ist, kann Paraguay nichts anfangen, da versäumt wurde, eine energieintensive Industrie aufzubauen. Auch von den Schmiergeldern, die in die Abermillionen gehen, blieb wenig im Land, die wanderten auf Schweizer Nummernkonten. Die Kritik an diesem hemmungslosen Ausverkauf des Landes reicht bis in die Regierungspartei der Colorados hinein. So produziert das System seine eigenen Widersprüche wie Stolpersteine, die immer größer werden. Ein Beispiel aus der jüngsten Zeit:

1983 wurde die staatliche Datenbank aufgelöst. Eine Gruppe von zwanzig Wissenschaftlern hatte die offiziell gesammelten Daten zusammengestellt, die sich plötzlich wie ein gehässiges kommunistisches Machwerk lasen. Es waren lediglich Fakten, von der großen Säuglingssterblichkeit bis zur Umverteilung des Landes zugunsten der Großgrundbesitzer auf Kosten der kleinen und kleinsten Betriebe. Die Wissenschaftler wurden verhaftet, die Datenbank aufgelöst. Man will lieber gar keine Fakten als die wahren. Es ist offensichtlich, was es für die wirtschaftliche Planung bedeutet – mag sie auch noch so rudimentär sein –, wenn man nicht einmal mehr Daten sammeln und auswerten kann. Die stolpern dahin wie ein Blinder am Stock, sagt mir Goosen, einer der Wissenschaftler, der bei der Datenbank gearbeitet hatte und nach deren Auflösung verhaftet und gefoltert wurde. Nach einem wochenlangen Hungerstreik und vor allem nach einem internationalen Protest wurde er schließlich neun Monate später freigelassen. Goosen, der aus einer nach Paraguay eingewanderten russlanddeutschen Familie stammt, erzählt von seinen Erfahrungen in fließendem Deutsch, aber so, als rede er über eine andere Person, sachlich und fast emotionslos. Manchmal lacht er, als müsse er das Grauen für den Zuhörer etwas abmildern. Goosen wurde geschlagen und dann – als er keine Namen nennen wollte von anderen

Oppositionellen, auch die Namen und Gesichter, die man ihm zeigte, nicht kannte – in die Pileta geführt, einen Raum mit einer Badewanne. Die Badewanne ist mit Exkrementen gefüllt. Er wird gefesselt und in die Badewanne gesetzt. Man befragt ihn weiter. Und nach jedem Nein wird er in die Scheiße getaucht, bis er ohnmächtig wird. Es gibt Schlimmeres, sagt er, viele sind zu Tode gefoltert worden. 1978 zum Beispiel der Generalsekretär der paraguayischen Kommunisten. Vordringlich ist, sagt Goosen, sich um die Campesinos zu kümmern, die seit vier Jahren im Gefängnis sitzen, erst ohne Anklageschrift, dann mit einem Scheinprozess, der unterbrochen wurde. Diese Häftlinge befinden sich gerade im Hungerstreik.

Die Vorgeschichte: 1972 lassen sich mit Genehmigung der staatlichen IBR (Landwohlfahrtsinstitut) einige Hundert Landarbeiter in der Provinz Caaguazú nieder und roden und bebauen ein 2000 Hektar großes Gebiet. Wenige Jahre später, mit dem Baubeginn des Itaipú-Staudamms, wird auf diesem Gelände Sand entdeckt, der für eine Betonfabrik wichtig ist. Der Wert des Landes steigt sofort, und zwar ganz erheblich. Eine Generalswitwe taucht auf, die ihre Ansprüche auf das von den Siedlern bewohnte Gebiet geltend macht. Sie vertritt zugleich die Interessen einiger anderer Armeeoffiziere, die ebenfalls Landtitel vorweisen. Die Bestätigung der staatlichen IBR, dass das früher staatliche Land in den Besitz der Siedler übergegangen ist, geht verloren. Später verschwindet die ganze Akte. Die IBR war also nie mit dem Fall befasst. Polizei und Militär werden gegen die Siedler eingesetzt, die sich aber nicht vertreiben lassen, es sind schließlich nicht ein paar Familien, sondern mehrere Hundert Menschen. Die Polizei geht mit allen Mitteln gegen die Campesinos vor: Das Getreide wird verbrannt, die Neusaat zerstört, Häuser werden angezündet. Aber die Siedler bleiben. Schließlich wird die Brücke zerstört, die diese Siedlung mit der Provinzstraße verbindet. Die Menschen hungern, es fehlt an medizinischer Versorgung. Als einige Kleinkinder sterben, bricht die Revolte aus. Die Siedler bewaffnen sich mit alten Gewehren und Macheten, ziehen zur Sandgrube und nehmen den Vorarbeiter gefangen. Sie marschieren zur Provinzstraße, die nach Asunción führt. Dort lassen sie den Vorarbeiter laufen und kapern einen Touristenbus. Mit dem Bus wollen sie nach Asunción fahren, um dort für ihre Sache zu demonstrieren. Sie glauben, dass es sich bei der ganzen Angelegenheit um Übergriffe von untergeordneten Dienststellen handelt. Wenn das Don Alfredo wüsste. Der Bus wird auf dem Weg von einer Militärkontrolle gestoppt. Es kommt zu einem Handgemenge, einem Schusswechsel, wobei aber keiner verletzt wird. Die Campesinos fliehen in den nahe gelegenen Wald. Die Streitkräfte rufen den Alarmzustand aus. Tausend Mann Eliteeinheiten werden mit Hubschraubern in das Gebiet geflogen, eine Ausgangssperre für alle umliegenden Dörfer erlassen. Am 10. März 1980 werden die Campesinos von den Truppen in der Nähe des Dorfes Guyrúa-gúa umzingelt. Neunzehn Bauern ergeben sich und werden sofort erschossen. Einigen der Siedler gelingt die Flucht, darunter Victoriano Centurión, ein Mitbegründer der *ligas agrarias,* einer Selbsthilfeorganisation der Campesinos. Er und die anderen entflohenen Siedler werden im ganzen Land gesucht. Die Polizei verhaftet dreihundert Bauern, die im Verdacht stehen, mit den Siedlern zu sympathisieren. Sie werden gefoltert, einige umgebracht. Die Siedlung wird aufgelöst. Einige der Campesinos sitzen bis heute im Gefängnis, ohne dass ein Prozessende abzusehen ist.

Goosen sagt, in den neun Monaten Gefängnis war es für das Überleben wichtig zu wissen, dass er draußen nicht vergessen war, dass man um sein Recht kämpfte, das heißt um seine Freiheit. Diese Unterstützung ist es, die, je breiter und internationaler sie wird, den Opfern der Stroessner-Diktatur eine Chance gibt. Insofern ist auch der Staatsbesuch des Präsidenten eine Chance – woran die bundesdeutschen Gastgeber natürlich nicht gedacht haben: Er, als Repräsentant der Gewalt, erinnert auch an seine Opfer. Über sie muss man reden. Und erst dann kann man auch von der Schönheit des Landes und seinen Eigentümlichkeiten erzählen, von der wunderschön klingenden Sprache, dem Guaraní, von den Ruinen der Jesuitensiedlungen, von dem Gran Chaco, von den Mennoniten, die dort gerodet haben, und von jenen Indianern, die Plattdeutsch sprechen, und den Maká, die auf einer Insel leben und einen russischen General anbeten. Davon soll ein andermal die Rede sein.

Die Utopie des
Dr. José Gaspar Rodríguez de Francia

*Nequaquam! Ich sagte: Die spanische Herr-
schaft ist erloschen auf diesem Kontinent. Es
quietschte das Hörrohr des Gouverneur-Intendan-
ten; es quietschten die verschreckten Mäuse des Kon-
gresses. Der Bischof latinisierte sein mitrales Entsetzen.
Er stützte sich auf den Krummstab. Das Brustkreuz
zielte zitternd auf mich: Unser Allerhöchster Monarch
herrscht unverändert über alle Spanien und Westin-
dien, sämtliche Inseln und das Festland inbegriffen!
Großes Landungsgetöse. Ich ließ die Faust niedersau-
sen und brachte es zum Schweigen: Hier haben wir
den Monarchen archiviert! rief ich. Hier, in Paraguay, ist das Festland der feste Wille des Volkes, sein
Land heute und für immer frei zu sehen! Die einzige
Frage besteht darin, wie wir Paraguayer unsere Souveränität und Unabhängigkeit gegen Spanien, gegen Lima, gegen Buenos Aires, gegen Brasilien, gegen*

jede fremde Macht verteidigen sollen, die uns zu un-
terjochen trachtet. Worauf gründet sich der General-
prokurator bei diesen aufrührerischen Äußerungen?
quietschte eine spanische Maus. Ich zog meine beiden
Pistolen. Hier sind meine Argumente: das eine gegen
Ferdinand VII. Das andere gegen Buenos Aires. Mit
dem Finger am Abzug forderte ich den Gouverneur
auf, über meinen Antrag abzustimmen. Er glaubte,
ich sei irre geworden. Das Hörrohr am Mund, stam-
melte er mit rasselnder Stimme: Sie haben versprochen,
mir im Kampf gegen die Subversion zu helfen! Aber
das tue ich doch. Die Quellen der Subversion sind jetzt
die Spanienanhänger und die Parteigänger von Bu-
enos Aires. Er blinzelte. Seine weit aufgerissenen Au-
gen wanderten vom Hörrohr zu meinen Pistolen. Ich
fordere, daß frank und frei über meinen Antrag abge-
stimmt wird, drängte ich nach einem weiteren Schlag
mit der flachen Hand. Viele glaubten, ich hätte einen
Pistolenschuß abgefeuert. Die am meisten erschraken,
warfen sich zu Boden. Der Bischof zog sich die Mitra
bis zum Hals herunter. Der Gouverneur fuchtelte he-
rum wie ein Ertrinkender. Die Maschinerie seiner Ge-
folgsleute setzte sich in Gang. Der Tumult brach los
beim Schrei: Es lebe der Regentschaftsrat.

Das ist der Beginn der Revolution 1810 in Paraguay.
Mit der Entmachtung des spanischen Gouverneurs,
der zunächst noch Mitglied der Junta blieb, beginnt

die Loslösung der Provinz Paraguay von der spanischen Krone. Paraguay wird 1811 die erste unabhängige Republik Lateinamerikas.

Das Zitat ist dem Roman *Ich, der Allmächtige* (*Yo, el Supremo*, 1974) von Augusto Roa Bastos entnommen und erfordert diese Länge, um eine Vorstellung von der Sprache zu bekommen, die ihn zur Weltliteratur erhoben hat. Elke Wehr hat den komplexen, sprachlich vielschichtigen Roman in ein staunenswert reiches, bewegliches Deutsch übertragen.

Augusto Roa Bastos lässt den Revolutionär und späteren Diktator Dr. José Gaspar Rodríguez Francia am Ende seines Lebens und nach sechsundzwanzig Jahren Alleinherrschaft Rechenschaft ablegen. Er, der 1816 vom Kongress in Asunción zum Diktator auf Lebenszeit gewählt worden war, ist der allwissende, wir können sagen, allmächtige Erzähler, der alles über sich weiß, da er schon begraben ist und zuweilen aus dem Grabe spricht, wie zu seinem ersten Trommler der Musikkapelle: *Wie viel Zeit ist vergangen oder keine! Wo bist du, Efigenio? Hörst du mich? Nicht sehr gut, Exzellenz. Ich höre Sie, als wäre Ihre Stimme unter der Erde! Nicht unter der Erde, sondern in einem Blechkanister! Wooo büist duuu? Hier im See, zwischen den grünen Netzen mit ihren schwarzseidenen Knospen!* Der Erzähler weiß von seinem Tod, von dem weiteren Verlauf der Geschichte des Landes, setzt sie kommentierend in Bezug zu seiner Regierungsarbeit, er diktiert sein Leben, seine Gedanken, seine Rechenschaft dem Sekretär Patiño, der als Schreiber in den vergangenen Jahren seine Befehle weitergegeben hat. Der absolute Herrscher als der allwissende Erzähler, der seine Sicht der Dinge liefert, um sich die Deutung über seine Herrschaft zu sichern. Dieses endlose Diktat, in dem es um die richtige Erinnerung, die gerechte Darstellung der Revolution und der Geschichte geht, wird hin und wieder durch servile Anmerkungen und Fragen des Schreibers unterbrochen, die der Diktator unwirsch beantwortet. Die Frage nach der Macht und ihrer Ausübung, das heißt nach seinen Taten, bewegt den von der europäischen Aufklärung geprägten Diktator. Ist es ihm gelungen, seine Vorstellung von Volksherrschaft zu verwirklichen? Trotz des Widerspruchs, dessen er sich bewusst ist, dass er diese Republik diktierte? Sind die Menschen in der Republik Paraguay jetzt frei und glücklich? Und wenn ja, um welchen Preis?

Mit diesem Rechenschaftsbericht vor sich selbst und vor der Geschichte hat Roa Bastos ein raffiniertes ästhetisches Verfahren gefunden, denn neben den Einwürfen des Sekretärs finden sich noch private Aufzeichnungen des Diktators und ein *Ewiges Rundschreiben.* Eine Textmasse, die ein Kompilator strukturiert und hin und wieder mit Anmerkungen und Zitaten kommentiert. Der Autor Roa Bastos tritt hinter die Suada des Diktators zurück, er wertet nicht, er gibt, scheinbar ungefiltert, die Absichten des Doktor Francia und aus dessen Sicht die historischen Ergebnisse wieder. Roa Bastos lässt in dem Roman formal und thematisch aufscheinen, wie sehr die Geschichte, einmal abgesehen von faktischen Quellen, eine Konstruktion ist, eine Erzählung, eine Deutung – auch Klio dichtet.

Der Diktator Dr. Francia ist in die europäische Geschichtsschreibung als Beispiel eines paranoiden lateinamerikanischen Tyrannen eingegangen. Roa Bastos hingegen versucht, den Diktator aus seiner Zeit heraus zu verstehen. Ihn interessiert der Intellektuelle, der nach Thomas Morus der weise, gute Herrscher sein will, jedoch durch die Widerstände der politischen Gegner und die konservativen Beharrungskräfte zum repressiven Diktator wird. Welche sozialen Erfolge wurden erreicht? Wann schlug das utopische Projekt in eine repressive Staatsführung um? Kann, das ist das zentrale Thema des Romans, eine Erziehungsdiktatur ein freiheitlich-demokratisches Gesellschaftssystem schaffen? Francia ist ein so ganz anderer, reflektierender, planender Diktator – und damit der Moderne nah – als der von Gabriel García Márquez in dem Roman *Der Herbst des Patriarchen* beschriebene nach

Lust und Laune vögelnde und tötende, fiktive karibische Caudillo Zacarías.

Die intensive Forschung Roa Bastos' in Archiven ist dem Text eingeschrieben, auch die mündlich überlieferten legendenhaften Erzählungen, die noch heute in Paraguay im Umlauf sind, finden in den Roman Eingang. So durchdringen sich Fiktion und Authentizität, bildet sich eine Vielfalt an Sprachschichten, Lyrisches neben juristischer Fachsprache, Militärjargon neben Landschaftsbeschreibung, Umgangssprachliches wechselt mit philosophisch Diskursivem, auch das Guaraní der indigenen Bevölkerung taucht auf, Reales und Irreales stehen nebeneinander, ein Sprachstrom wie der Río Paraguay, der alles mit sich führt, die nahe spanische und ferne klassische Geschichte, Grammatik, Theologie, Architektur, Agronomie, Philosophie, Sprache, Überlegungen zum Straßenbau, zur Mäusezucht, ornithologische Beobachtungen, die Bedeutung von Aasfliegen, Gefängnissen, Hinrichtungen, dazu die Liebe, der Hass, die Träume, aber auch Unterhaltungen zwischen einem monarchistisch und einem republikanisch gesinnten Hund, die Gespräche, die Diktator Francia auf einem Heimritt mit seinem Pferd Mohr (auch *Thomas Mohrus* [!] ist mit von der Partie), mit Blaise Pascal, mit sich selbst über einen alles überwölbenden Sinn und über Gott führt. Vor allem aber spricht er immer wieder über Macht, über deren Ausübung und über die Untertanen, das *Land der Vollidioten,* über die man befehlen muss, und stets auch über sich selbst mit einem Zynismus, der die Trauer ob seiner Einsamkeit überdeckt, von der er weiß, dass sie der Preis seines Plans ist. Er wollte den gerechten Staat schaffen, in dem Gleichheit herrschen und der Mensch dem Menschen Freund sein sollte, die ihm aber nur zu verachtende Untertanen wurden.

Der historische José Gaspar Rodríguez de Francia, der am 6. Januar 1766 bei Asunción geboren wurde, muss früh die Vision von einem unabhängigen Staat Paraguay gehabt haben. Die Provinz gehörte der spanischen Krone und unterstand dem Vizekönigtum des Río de la Plata in Buenos Aires. Eine Provinz, in der eine kleine spanisch-kreolische Oberschicht von Landbesitzern und Kaufleuten über eine überwältigende Mehrheit verschiedener, teils nomadisierender Indianervölker und schwarzer Sklaven herrschte. Verwaltet wurde sie von einem spanischen Gouverneurintendenten und der katholischen Kirche. Noch herrschte die Inquisition im Land. Zahlreiche Klöster hatten umfangreiche Ländereien, auf denen Schwarze und Indios als Sklaven arbeiteten. Lediglich in der Hauptstadt Asunción gab es eine höhere Schule, in der Latein, Grammatik und Geschichte für künftige

Theologen und Juristen – zwanzig bis dreißig Schüler – unterrichtet wurde. Ein riesiges Land, in dem nur wenige Menschen lesen und schreiben konnten, ein Land, dessen Grenzen zu Argentinien und Brasilien noch nicht exakt festgelegt waren, im Westen die Trockenwälder und Savannen des Gran Chaco, im Osten Urwald und Sumpfgebiete, breite Ströme und, wie am ersten Tag der Schöpfung, der gewaltige Wasserfall des Iguazú.

Der Diktator Francia wird in den Erzählungen und wissenschaftlichen Untersuchungen mit seinem Doktortitel genannt, ein Epitheton ornans, das uns an den Doktor Faust erinnern mag, der sich in *Der Tragödie zweiter Teil* ebenfalls als Staatengründer betätigt, das Glück der Millionen im Sinn, aber schuldig wird an der Zerstörung einzelner Existenzen, wie Goethe es am Beispiel von Philemon und Baucis zeigt.

Auch Doktor Francia wurde vom Volk mit den Schwarzkünsten in Verbindung gebracht, was nicht verwunderlich ist, da er in dem literaturfernen Paraguay mit dreihundert Bänden die größte Bibliothek besaß. Zudem war er Doktor der Theologie. Eine singuläre Erscheinung unter den meist aus dem Militär kommenden Befreiungshelden Paraguays, von denen einige nur mit Mühe lesen und kaum schreiben konnten. José Gaspar Rodríguez de Francia, Sohn eines eingewanderten portugiesisch- oder brasilianischstämmigen Pflanzers und Hauptmanns der Miliz, hatte die einzige höhere Schule Asuncións besucht und sprach mehrere Sprachen: Spanisch, Latein, Guaraní, Französisch und Englisch. 1781 ging er nach Córdoba, studierte vier Jahre lang Theologie und wurde 1785 relegiert. Wir dürfen vermuten, dass er, der sich zu der Zeit schon mit der französischen Aufklärung beschäftigte, Rousseau und die Enzyklopädisten gelesen hatte und mit dieser von der Kirche verbotenen Lektüre schnell in Konflikt zu den theologischen Dogmatikern an der ältesten Universität des Vizekönigtums Río de la Plata kam. Francia hat seinen Abschluss als Externer mit einem Doktor gemacht. Aus seiner Relegation wie aus dem trotzigen Bestehen auf der Abschlussprüfung kann man sowohl auf die Wahrhaftigkeit seiner Überzeugungen als auch auf die Hartnäckigkeit beim Verfolgen seiner Ziele schließen. Das Tugendhafte wird zum Muster seines späteren Handelns, bis hin zur Orientierung an Robespierre, dessen Büste er auf dem Schreibtisch stehen hatte.

Nach der Promotion ließ er sich in dem von circa vierhundert spanisch-kreolischen Familien bewohnten Asunción als Advokat nieder. Er fand wegen seiner – damals wie heute höchst ungewöhnlichen – Unbestechlichkeit auch bei seinen Gegnern Anerkennung; Bedürftige vertrat er kostenlos. Wahrscheinlich erwarb er sich in dieser Zeit den Ruf eines korrekten, gerechten Mannes. Wie viele aus dem Bürgertum kommende revolutionäre Intellektuelle leitete ihn eine starke Identifikation mit den Armen und Deklassierten der Gesellschaft, gepaart mit einer tiefen Verachtung für den ererbten Reichtum und damit verbunden die Völlerei, den Luxus, die Selbstgefälligkeit und das Nichtstun des Adels und der Bourgeoisie.

Im Jahr 1810 kam es in Paraguay zu einer revolutionären Volksversammlung, bei der Advokat Dr. Francia eine Rede hielt, die eine Leitschnur für sein weiteres politisches Handeln wurde: *Die einzige Frage, worüber in dieser Versammlung diskutiert und mit Mehrheit abgestimmt werden muß, ist: Wie sollen wir unsere Unabhängigkeit gegenüber Spanien, Lima, Buenos Aires und Brasilien verteidigen und bewahren; wie sollen wir den inneren Frieden bewahren; wie sollen wir die öffentliche Prosperität und den Wohlstand von allen paraguayischen Bürgern fördern; zusammengefasst: Welche Regierungsform sollen wir in Paraguay anwenden?*

Francia muss ein mitreißender Redner gewesen sein, der an der Universität in Córdoba nicht nur das Predigen gelernt, sondern auch die Rhetorik studiert hatte. Die Dreiteiligkeit in der Reihung der Fragen und die daraus folgende Conclusio der obigen Rede belegen das. Roa Bastos zitiert in seinem

Roman einen Zeitgenossen des späteren Diktators: *Der griesgrämige Diktator besitzt einen Vorrat an Heften mit Wendungen und Worten, die er guten Büchern entnommen hat. Wenn er dringend irgendein Schriftstück verfassen muß, schlägt er in ihnen nach. Er wählt die Sentenzen und Sätze aus, die nach seinem Dafürhalten die geeignetsten sind, und streut sie hier und dort ein, ob sie nun passen oder nicht. Sein ganzer Eifer gilt dem guten Stil. Von guten Lobrednern lernt er die Wendungen auswendig, die ihn am meisten beeindrucken. Er hat das Wörterbuch in Reichweite, um die Ausdrücke zu variieren. Nie arbeitet er ohne dieses Mittel.*

Francia war unter den Revolutionären derjenige, der eine klare politische Vision hatte: die Unabhängigkeit und Eigenständigkeit Paraguays als Nation zu schaffen und den Wohlstand *aller* Bürger zu fördern, womit ein anspruchsvolleres Modell mitgedacht ist – eine soziale Republik.

Im Volkskongress waren drei politische Richtungen vertreten, die sich heftig bekämpften: die patriotas, unter Führung Francias, die eine eigenständige Republik Paraguays wollten, die portenistas, die einen Anschluss an Buenos Aires befürworteten, sowie die Spanien verpflichtete monarchistische Partei – el partido españolista.

Wer je politisch engagiert über Projekte diskutiert

hat, weiß, wie konfus solche auf die Zukunft gerichteten Diskussionen verlaufen, wie widersprüchlich, irrational, auch hasserfüllt sie geführt werden können. Eine sechsköpfige Junta wurde gewählt, der auch noch der spanische Gouverneur angehörte, dann eine Junta ohne den Gouverneur, eine Junta, in der Francia mitarbeitete, der sich aber, nachdem sein Antrag, eine Volksversammlung einzuberufen, abgelehnt worden war, aus jener verabschiedete, um sich von Dezember 1811 bis November 1812 auf seinen Landsitz Ybiraí zurückzuziehen. Von dort bereitete er seine Kampagne vor – Paraguay sollte unabhängig von Spanien und dem Vizekönigtum in Buenos Aires werden. Er diskutierte auf seinem Landsitz mit Bauern, Viehtreibern, Landarbeitern, dem niederen Adel und Leuten aus dem Landesinneren über die Form der künftigen Regierung, die seiner Überzeugung nach eine Republik sein sollte. Diese revolutionäre Basisarbeit mit Bauern und Viehtreibern ist höchst ungewöhnlich und bei den anderen lateinamerikanischen Freiheitskämpfern wie dem Panamerikaner Simón Bolívar oder dem der Monarchie zugeneigten General San Martín kaum vorstellbar.

Die Hinwendung zur unteren, bei Weitem größten gesellschaftlichen Schicht schuf ein stabiles Fundament für Francias spätere Diktatur und trug, neben der Polizei und dem Militär, dazu bei, dass er in seinem Amt eines natürlichen Todes sterben konnte, während all die anderen Diktatoren und Caudillos ermordet oder ins Exil vertrieben wurden.

Francia erreichte 1813 die Einberufung eines Volkskongresses in Asunción. Dessen Mitglieder waren zum ersten Mal frei gewählt – das Wahlrecht hatten, unabhängig von Besitz und Stand, alle Männer ab dreiundzwanzig Jahren. Sie beschlossen, nach dem Vorbild der Römischen Republik, zwei Konsuln zu wählen, den Offizier Yegros, der sich in einer Schlacht gegen den General Belgrano hervorgetan hatte, und Dr. Francia. Ihr unterschiedlicher Habitus drängt den Vergleich mit zwei anderen Revolutionären auf: Danton und Robespierre. Der eine, der gut aussehende Offizier Yegros, trieb sich auf Bällen herum und vergnügte sich mit Frauen, während der andere, der Konsul Francia, im Regierungspalast saß, Akten las und sich um den Ausbau der Wasserleitungen kümmerte. Die ungleiche Aufteilung blieb nicht unbemerkt, und auf dem folgenden Kongress vom 30. Oktober 1814 mit wiederum tausend gewählten Delegierten, von denen *dreiviertel arme Leute aus dem Land* waren, wurde das Missverhältnis zwischen der Wirksamkeit der beiden Konsuln diskutiert und kritisiert. Eine große Mehrheit wählte den fleißigen, tatkräftigen Dr. Francia für fünf Jahre zum alleinigen Diktator. Wobei der Titel Diktator in der damaligen

Zeit noch nicht die negative Konnotation hatte, die er durch seine Träger im 20. Jahrhundert bekommen sollte. Damals war es eher die Funktionsbeschreibung der amtlich gebündelten Machtausübung über die noch nicht effektiv aufeinander abgestimmten politischen und bürokratischen Organe.

Diktator Francias Amtsführung war in den folgenden zwei Jahren ausgerichtet auf eine Stabilisierung der Wirtschaft, die Bekämpfung der Kriminalität und der weitverbreiteten Straßenräuberei, vor allem auf die Abwehr der Korruption. Eine Lobschrift aus der damaligen Zeit rühmt: *Dr. Francia, der caraí guazu (große Herr) des Volkes, immer zu ihrer Verfügung, unterhielt nächtliche Unterredungen mit den im Stich gelassenen Indios, den müden Bauern, den betrübten Weinflaschenherstellern.*

Wer weiß, vielleicht ist diese Lobschrift ein listiges Pasquill, eine der Schmähschriften, unter denen Dr. Francia zu Zeiten seiner Herrschaft, und das heißt zeit seines Lebens, zu leiden hatte und von denen, trotz Verfolgung der Urheber, viele im Umlauf waren. Der Diktator, damals erst auf fünf Jahre gewählt, hatte viele Tugenden, Energie, Fleiß und einen mustergültigen Gerechtigkeitssinn, aber eines fehlte ihm – Humor. So zeigen ihn auch die wenigen Zeichnungen und Bilder: ein angestrengtes Gesicht mit einer etwas schräg verlaufenden Stirnfalte. Man kann sich vorstellen, wie schwer es ihm gefallen sein muss, diesen Mitkonsul, den blendend aussehenden, dem Müßiggang huldigenden Oberst Yegros, neben sich zu dulden.

Am 1. Juni 1816 kam abermals der Kongress zusammen und beschloss am 1. Juni: *In Hinblick auf das volle Vertrauen, welches das Volk dem Bürger José Gaspar de Francia gerechterweise entgegenbringt, ernennt es ihn zum Diktator auf Lebzeiten.* Man billigte dem Diktator zu, nach Belieben den Kongress einzuberufen, womit der sich allerdings selbst abschaffte. Er wurde nie wieder von Dr. Francia einberufen. Nur wenige Gegenstimmen sind verbürgt – wie die des Abgeordneten Molas: *Das ist eine Monarchie mit republikanischer Maske!*

Sechsundzwanzig Jahre sollte Francias absolute Herrschaft dauern. Die nationale Identität sollte sich in einer selbstbewussten, vor allem egalitären Bevölkerung bilden. Und der Diktator bestimmte die Belange des Alltags, auf dass die Bevölkerung in Glück und Frieden lebe. Francia stellte, um den Staat von Schulden frei zu halten, die Ex- und Importe unter staatliche Kontrolle. Er ließ alle Grenzen schließen – damit wiederholt sich das Inselmotiv der utopischen Staatsideen. Ausländer durften das Land nicht betreten und, wie im Fall von Bonpland, dem Reisegefährten Alexander von Humboldts, nicht mehr verlassen.

Keine fremden Ideen und keine wirtschaftlichen Einflüsse sollten ins Land kommen. Francia schuf, ähnlich der Levée en masse in der Französischen Revolution, ein Freiwilligenheer. Die Männer hatten ihre Waffen und Munition zu Hause, stellten sie zum Teil selbst her. Im Heer schaffte Francia alle höheren Chargen ab. Es wurde von Leutnants und Unteroffizieren befehligt und war allein auf die Verteidigung ausgerichtet. Zu keinem Zeitpunkt seiner Regierung wurde dieses Heer, obwohl zahlenmäßig eines der größten, im südlichen Amerika zu einer Offensive gegen die immer wieder aufflammenden Kämpfe der Caudillos in den Nachbarländern eingesetzt. Die Schließung der Grenzen galt ausdrücklich nicht für Asylsuchende, sie waren offen auch für aus Brasilien geflohene Sklaven. Francia förderte die Wirtschaftszweige, die das Land, das keinen Zugang zum Meer hatte, in die Autarkie führen sollten. Er drängte den Einfluss der katholischen Kirche zurück, ernannte Pfarrer, die, vom Staat bezahlt, dem Zivilrecht unterstellt wurden, und schuf so eine Staatskirche. Er verbot die Inquisition. Die Klöster wurden aufgelöst, deren Ländereien fielen an den Staat, wurden in sechstausend Parzellen aufgeteilt, die an Landlose verpachtet wurden. Mehr als fünfzigtausend Menschen fanden darauf Arbeit und ein Auskommen. Er legte die Honorare für Ärzte fest und ließ Apotheken errichten. Schlachthäuser wurden gebaut und von den Behörden inspiziert. Er belegte die Wohlhabenden mit Sondersteuern, aus deren Erlös öffentliche Gebäude errichtet wurden, schaffte die Standesunterschiede ab, ordnete die Schulpflicht an, ließ aus hygienischen Gründen die verwinkelte Altstadt von Asunción abreißen und schachbrettartig wieder aufbauen, ließ die Straßen pflastern und beleuchten, wirkte darauf hin, dass Getreide in einer zweiten Saat angebaut wurde, ließ Landstraßen und Befestigungsanlagen an den Grenzen zu Argentinien bauen, schuf ein *Amt zur Verteidigung der Armen,* wo sich Arme und Sklaven beschweren konnten, danach ein *Amt zur Verteidigung der Indios* und zuletzt, weit in die sozialpolitische Zukunft vorgreifend, ein *Amt zur Verteidigung der Minderjährigen.* In den sechsundzwanzig Jahren seiner Regierung gelang es ihm, den Staat Paraguay aus den Wirren und Kriegen der umgebenden Länder herauszuhalten. So garantierte er während seiner Regierungszeit den Frieden nach innen und außen.

In der Stunde kurz vor Sonnenuntergang sah man den Diktator auf seinem Spaziergang in der Stadt, im Schwarz der Jakobiner gekleidet, an den Füßen die einfachen schwarzen Schuhe – im Alter erregte er sich darüber, dass ihm die schottischen Kaufmannsbrüder Robertson in ihren *Letters on Paraguay* goldene Schuhschnallen angedichtet hatten – und auf dem Kopf einen schwarzen Dreispitz, so ging er die staubige Straße entlang und grüßte jedermann. Nur manchmal, wenn er mit einem Fernrohr unter dem Arm, den Blick auf den Boden gerichtet und in Gedanken versunken, ging, eilte er wie ein Fremder grußlos vorbei. Er ging hinaus auf einen kleinen Hügel, auf dem man ihn in der schnell hereinbrechenden Nacht stehen sah, unsichtbar in seiner schwarzen Kleidung, allein das weiße Gesicht leuchtete in der Schwärze, wie er durch dieses Rohr den bestirnten Himmel absuchte. Man wusste von dem Stein, der vom Himmel gefallen war und den er von tausend Soldaten hatte suchen lassen. Jetzt lag er in seinem Zimmer als ein Gefangener des kosmischen Zufalls, ein Aerolith.

Francia wurde vom Volk der Guaraní und von den Bauern, den Landarbeitern und Tagelöhnern als Vater der großen Nation verehrt. Der strenge, gerechte Vater, der sich um jede Kleinigkeit kümmerte, um die Eisenringe für Boote, um die Auspolsterung der Packtaschen für die Pferde, damit sie nicht wund gescheuert wurden, um die Bezahlung des Geheimdienstes an den Außengrenzen. Roa Bastos zitiert in seinem Roman die Bestellung einer Ladung Spielzeug für die Kinder zum Dreikönigstag, *in bar zu Lasten meiner nicht bezogenen Gehälter: (...) 1000 Figuren von Wachposten in ihrem Schilderhaus, aus dem sie mit Hilfe einer Feder heraustreten können, 3 Zoll hoch. (...) 400 Figuren von Frauen, 4 Zoll hoch, bunt gekleidet, mit ihren Kindchen im Arm, auf kleinen Kästen stehend, in denen die Feder steckt, die sie zum Laufen bringt. (…) 4 Greise, 3 ½ Zoll hoch, jeder hinter einem mit Obst beladenen Maultier, auf kleinen Kästen mit Federn.*

Sechsundzwanzig genau beschriebene Spielzeugfiguren, die, wahrscheinlich aus Buenos Aires, eingeführt werden durften. Der pater patriae, der alles regulierte und kontrollierte, der strafte und lobte.

In dem sonst eher unfreundlichen Bericht von 1839 haben die schottischen Kaufmannsbrüder Robertson die Zuneigung des einfachen Volks zum Diktator hervorgehoben: *Die einfach gemütlichen und abergläubischen Paraguayer verehrten nämlich einen Paí* (Pater oder Vater) *als den unmittelbaren Vertreter Gottes; blindlings unbedingt folgten sie den ihnen von ihm gegebenen Vorschriften und erfüllten sorgsam jedes seiner Gebote.*

Umso größer war der Hass der spanisch-kreolischen Bürger und Adeligen, denen er die Privilegien genommen und ein Heiratsgesetz aufgezwungen hatte. Sie, die ihr Selbstverständnis äußerer Vornehmheit durch die Wahl weißer Frauen auszudrücken gewohnt waren, wurden vom Diktator verpflichtet, einheimische Frauen zu heiraten. Das Gesetz für diese äußere Egalisierung lautete: Die Europäer *mussten Indianerinnen aus den (Indianer) Dörfern, aner-*

kannte Mulattinnen und Negerinnen heiraten. Der Oligarchie begegnete der Diktator mit Verachtung, während er die Arbeit von Bauern und Handwerkern lobte und förderte. Er unterband jegliche Korruption und Günstlingswirtschaft mit drakonischen Gesetzen. Sein Gehalt als Diktator, oberster Richter und Oberbefehlshaber der Armee wurde auf seinen Befehl hin von zwölftausend auf siebentausend Pesos reduziert, ab 1821 ließ er sich nichts mehr auszahlen, lebte von seinem Ersparten und ließ das ihm zustehende Geld für soziale Dinge ausgeben.

José Gaspar Francia wäre – wir wissen, es gibt diesen Konjunktiv in der Geschichtswissenschaft nicht, aber die Literatur lebt von ihm – als der große, seiner Zeit weit vorausgreifende Visionär und Sozialrevolutionär in die Geschichte eingegangen. Ein Staatsmann, der dem Land die Unabhängigkeit, Freiheit und Frieden brachte und dem es als gewähltem Diktator gelang, wenn auch mit massivem Druck und Strafen, eine Umverteilung der politischen und wirtschaftlichen Macht im Lande durchzusetzen und ein großes Maß an Gerechtigkeit und Gleichheit zu verwirklichen. Dann jedoch kam es zu einem Komplott gegen den gewählten Diktator. Die harte Reaktion Francias darauf sollte die negative Einschätzung seiner Regierungszeit in der europäischen Historiographie bestimmen.

Die Verschwörer hatten geplant, ihn am Karfreitag im Jahr 1820 bei seinem täglichen Spaziergang durch Asunción zu ermorden. Unter den Verschwörern, die aus der von Francia entmachteten spanisch-kreolischen Oberschicht kamen, waren auch die Revolutionäre der ersten Junta und der frühere Mitkonsul, der Offizier Yegros. Am 28. März waren vier der Verschwörer während eines Treffens von der Geheimpolizei, den Pyragues, den *haarigen Füßen* (sie trugen Schuhe aus Schaffell), verhaftet worden, einer konnte fliehen, Juan Bogarín, ein gläubiger Katholik, und beichtete den Anschlag einem Priester, der ihm als Buße auferlegte, dem Diktator das Komplott zu enthüllen.

Francia befiehlt daraufhin, fünfunddreißig Verschwörer festzunehmen. Am Ende des Monats April 1820 sind hundertachtundsiebzig Verschwörer und Verdächtige in Haft. Francia lässt deren Vermögen und Landgüter vom Staat konfiszieren.

Briefe werden aus den ausländischen Provinzen, dem späteren Argentinien, abgefangen, in denen eine militärische Unterstützung der Verhafteten durch das Ausland in Aussicht gestellt wird. Der Diktator vermutet eine ausländische Verschwörung und befiehlt – der Sündenfall seiner Revolution – die Folter. Er will den Verschwörern und Verdächtigen die Namen aller Beteiligten abpressen. Wer nicht gestanden hat, wird in Gegenwart eines Offiziers und Gerichtsschreibers verhört, weigert er sich, auszusagen, lässt Francia ihn in das *Zimmer der Wahrheit,* wie er es nennt, führen. Dort wird mit einem Lederriemen auf den Rücken und das Gesäß geschlagen, bis zu fünfhundert Mal. Ein Diener, ein Guaraní, stirbt unter der Folter, ohne den Namen seines Herrn preiszugeben.

Der Diktator lässt zwanzig der Verschwörer hinrichten, unter ihnen den früheren Revolutionär Yegros, Kriegsheld und Liebling der Frauen. Die Männer werden vor einem Orangenbaum in Sichtweite des Palastes erschossen. Ein Verschwörer, ein Revolutionär der ersten Stunde der Unabhängigkeitsbewegung, begeht Selbstmord.

In der Überlieferung zu Francia stehen diese repressiven Maßnahmen im Vordergrund, die Erzählungen der Verhöre, der Folter, das Verbot kritischer Meinungen, der Presse, jeglicher Flugblätter, die in lichtlosen Gefängnissen untergebrachten Gefangenen, die kalte Strenge des Diktators, der sich von keinen Bittgesuchen der Frauen und Mütter der Gefangenen beeinflussen ließ.

Was mich betrifft, lässt Roa Bastos ihn sagen, *so habe ich zum Nutzen aller weder Verwandte noch Schützlinge, noch Freunde. Die Pamphletisten werfen mir vor, ich würde am strengsten mit meinen Verwandten, meinen alten Freunden verfahren. Das*

entspricht streng der Wahrheit. Der allmächtige Dik-
tator, mit der absoluten Macht ausgestattet, hat keine
alten Freunde. Er hat nur neue Feinde. Sein Blut ist
kein sumpfiges Wasser und erkennt auch keine dy-
nastische Nachkommenschaft an. Diese existiert nur
als souveräner Wille des Volkes, Quelle der absolu-
ten Macht, die Absolutes vermag. Die Natur bringt
keine Sklaven hervor; es ist der die Natur verder-
bende Mensch, der sie erzeugt.

Das ist im Sinne Rousseaus gut gedacht, ist aber mit
dem Gerechtigkeitsbegriff Robespierres versetzt, das
jedes Verzeihen im Namen der Wahrheit ausschließt.
Die Verschwörung richtete sich gegen seinen revolutionären Eingriff in die gewachsene Herrschaftsstruk-
tur, insbesondere die Enteignung, die sich schon mit
der Enteignung der Klöster ankündigt hatte.

Nach dem Putsch begann Francia mit einer Umver-
teilung der Besitzverhältnisse, des Grund und Bodens.
Der Besitz der Verschwörer wurde konfisziert und
dem Staat übereignet. Eine Situation ähnlich der in
der Endphase der Französischen Revolution, als die
Sansculotten mit der Unterstützung Robespierres die
Besitzverhältnisse verändern wollten. Die Repression
Francias gegen die konservative Verschwörung ist je-
doch nicht zu vergleichen mit dem Terreur, in dessen
Nähe sie in einigen späteren Berichten gerückt wurde.
In der gesamten Zeit seiner Herrschaft ließ der Dik-

tator Francia vierzig Menschen – ja, es sind vierzig zu viel – exekutieren. Dem stehen in den zehn vorangegangenen Jahren spanischer Gouverneure zweihundertachtzig Exekutionen gegenüber. Aber es genügte, um in der reaktionären Zeit des Metternich-Europas das Schreckgespenst des kalten Tyrannen zu zeichnen. Beigetragen haben dazu die ausgeschmückten Veröffentlichungen zweier Schweizer Ärzte, Rengger und Longchamp, und der schon genannten schottischen Brüder Robertson. Die vier Europäer hielten sich in der Frühzeit der Revolution in Paraguay auf und wurden nicht nur Zeugen der Verschwörung, sondern auch der Repressionen Francias.

Roa Bastos hat in einer ironischen Rechtfertigungsrede des Diktators die Schilderungen dieser vier Europäer als selbstgerechtes Missverstehen beschrieben, in das sich auch noch Francias Hund Sultan und der monarchistisch gesinnte Hund des ehemaligen Gouverneurs kritisch einmischen. Eine witzig gebrochene postkoloniale Kritik Roa Bastos' an dem dominanten europäischen Denken und seinen Urteilen.

Abscheu erregte zu Recht die von der Aufklärung als despotisches Mittel verdammte Anwendung der Folter. Allerdings finden sich hier die Widersprüche in der historischen Einschätzung. Friedrich II., wie Dr. Francia der Aufklärung verpflichtet, hatte die Folter zwar abgeschafft, das Spießrutenlaufen hingegen, auch mit Todesfolge, weiterhin befohlen. Hier der König mit einem Sinn für Stilisierung, in seiner immer gleichen vom Schnupftabak besudelten blauen Uniform, dem das Epitheton *groß* zugestanden wurde, dort der stets schwarz gekleidete und im Dienst der Nation lebende Diktator *el Supremo,* der blutdürstige Tyrann. Zwar liegt ein gutes halbes Jahrhundert zwischen beiden absolutistischen Herrschern, doch was das Arbeits- und Pflichtethos, die Lektüre Voltaires und der Enzyklopädisten sowie die persönliche Bescheidenheit angeht, bieten sich Vergleiche an – wobei ein grundlegender Unterschied offenbar wird: Während der preußische König den Adel und mit ihm den Grund- und Gutsbesitz gegen jede Veränderung schützte, setzte Diktator Francia gerade hier den Hebel an, er enteignete Teile der Oligarchie und stufte sie gesellschaftlich zurück; beide, Friedrich wie Francia, ähneln sich zu Ende ihrer Regierungs- und Lebenszeit – hier der König mit seinen Angriffskriegen, Tausenden Toten und verwüsteten Landstrichen, dort der Diktator, der jede militärische Auseinandersetzung vermied, die Gegner der Republik aber gnadenlos verfolgte – in einem Punkt: Sie wurden Zyniker und Menschenfeinde.

Auch hier im strahlendhellen Paraguay, lässt Roa Bastos seinen Dr. Francia sagen, *ist Weiß das Attribut der Erlösung. Vor diesem blendweißen Hintergrund*

flößt das Schwarz, mit dem man meine Gestalt be-
kleidet hat, unseren Feinden noch größere Furcht ein.
Schwarz ist für sie das Attribut der höchsten Macht.
Eine große Dunkelheit, so sagen sie von mir, während
sie in ihren Schlupflöchern zittern. Geblendet von der
Weiße, fürchten sie das Schwarz mehr, sehr viel mehr,
wittern sie doch in ihm den Flügel des Würgeengels.

Die Reaktion des Diktators auf das Komplott und die daraus folgenden harten Repressalien kann man weniger aus seiner privaten Empörung über den versuchten Anschlag auf sein Leben deuten als vielmehr aus der Empörung über den Anschlag auf die Republik Paraguay. Er ist, so seine Überzeugung als Diktator *el Supremo,* identisch mit ihr.

Zu den ausgeschmückten Erzählungen, in denen sich Wahrheit und Fiktion durchdringen und die von Freunden und Feinden verbreitet wurden, gehört auch, dass Francia die an einem Orangenbaum erschossenen Verschwörer einige Tage liegen ließ, als Zeichen ihres wirklichen und endgültigen Todes. Die eingekerkerten Verschwörer kamen erst nach dem Tod Francias frei, es müssen nach den zwanzig Jahren ungefähr vierhundert gewesen sein.

Da jede demokratische Kontrolle fehlte, keine ständischen Strukturen vorhanden waren, es keine eigenständigen Fachminister, nicht einmal Berater gab, die ihm gegenüber Bedenken äußern konnten, und die kritische Öffentlichkeit verboten war, nahm diese auf Vernunft gegründete Herrschaft irrationale Züge an, bis hin zu einer paranoiden Realitätswahrnehmung. In den letzten Jahren verließ der Allmächtige seinen Palast nur noch selten, zum Schluss gar nicht mehr. Lediglich sein Sekretär Patiño hatte Zugang zu ihm und nahm seine Befehle entgegen, die er dann weitergab. Abends schloss der Allmächtige die Pforten des Palastes selbst ab, entrollte auf der Suche nach Gift die von seiner Schwester gedrehten Zigarren, ein Zigarrenattentat befürchtend, wie es im 20. Jahrhundert von der CIA auf Castro versucht worden war. Der Allmächtige bereitete sich den Matetee selbst zu und schlief mit einer Pistole unter dem Kopfkissen. Solange er noch ausritt, wurden zuvor alle Bäume und Büsche entlang der Straße kontrolliert, und Passanten mussten sich, kam er vorüber, auf den Boden legen. Seine Befehle waren wie Schicksalsschläge für die Betroffenen.

Die Deformation durch die absolute Macht in der Hand eines Einzelnen wird in seinem Tod offenbar. Das Sterben des Mächtigen ist verbunden mit dem Sterben seiner Macht. Beide, Person und Macht, kleben aneinander und lösen sich nicht sogleich mit dem Tod voneinander, sondern müssen, vergleichbar mit den Opfern unter dem Orangenbaum, erst verwesen. Eine mehr als zwei Jahrzehnte während absolute

Herrschaft bringt die Anmutung mit sich, der Diktator sei unsterblich. Die Diktatur des Generalissimus Stalin ist in ihrer Monstrosität und mit seinen Millionen Opfern nicht mit der des Dr. Francia vergleichbar. Francia ließ in seiner gesamten Regierungszeit, wie schon erwähnt, vierzig Menschen hinrichten, später ließ er die Todesstrafe verurteilter Verbrecher zu lebenslanger Arbeit an öffentlichen Bauten umwandeln. Vergleichbar aber ist, wie die mit der Person verklebte Macht beim Tod des Diktators nicht gleich stirbt, sondern mit ihm in Verwesung übergeht.

Nachdem den Generalissimus Stalin der Schlag getroffen hatte, mochte sich zunächst niemand dem am Boden Liegenden nähern, sogar die herbeigerufenen Politbüromitglieder Chruschtschow, Bulganin, Beria zögerten. War Stalin nur betrunken, schlief er seinen Rausch aus, verstellte er sich womöglich, wartete er darauf, dass einer seiner alten Genossen sagte: Endlich?! Und der Generalissimus, bekannt für makabre Witze, schlägt dann die Augen auf und sagt: Volksfeind! Erschießen!

Und dann, als die alte Haushälterin Josips Schlaf als Schlaganfall erkannte und schnelle Hilfe nötig gewesen wäre, fehlten die Ärzte, denn die besten saßen nach einer von Stalin befohlenen Kampagne gegen die amerikanisch-jüdische Ärzteverschwörung im Gefängnis des KGB und wurden gefoltert. Noch lebte der Generalissimus. In der machtpolitischen Latenz versuchten die anderen Funktionäre ihre Claims abzustecken, darunter der inzwischen gefährdete Geheimdienstchef Beria, den Stalin kurz zuvor gezwungen hatte – die Paranoia als Realsatire –, gegen sich selbst zu ermitteln. Die anwesenden Politbüromitglieder verteilten indessen unter sich die Ämter. Am 5. März 1953 starb Stalin. Sein Tod wurde erst am nächsten Tag bekannt gegeben.

Als Dr. Francia, der Allmächtige, am 20. September 1840 starb, wagte sein Sekretär nicht, die Nachricht zu veröffentlichen. Erst, so lautet die Legende, als die Geier durch die Fenster in den Palast eindrangen, wurde bekannt, dass Dr. Francia tot war. Der Sekretär Patiño wurde ins Gefängnis geworfen, wo er sich mit dem Strick seiner Hängematte erhängte.

Die Guaraní und die einfachen Landbewohner, denen er Land und Rechte zugestanden hatte und die ihn verehrten, ließen den Allmächtigen, der so fern war, den man auf dem Boden liegend nur von Trommelwirbeln begleitet vorbeireiten hörte, von dem man sagte, er rede durch ein Rohr mit den Sternen und könne mit ihm die Richtung der Straßen und Häuser bestimmen, nicht sterben. Und er ist nicht gestorben, denn die Gewalt des absoluten Herrschers, mit der dieser Staat gegründet worden war, blieb ihm auch weiterhin eingeschrieben, wie auch die Ahnung von dem utopischen Plan, eine friedliche, gerechte Gesellschaft zu gründen. Und zu dem Eingeschriebenen gehört vor allem der Roman *Ich, der Allmächtige* von Augusto Roa Bastos.

Der Roman beschreibt – und er ist es selbst – ein literarisches Bewusstseinsarchiv der Macht und ihres Missbrauchs bei bestem Willen, ein Archiv, das, so die Fiktion, teilweise verbrannt ist. Mehrmals heißt es im Roman: *(Rest des Absatzes versengt, unleserlich)*. Der Allmächtige hat gegen Ende seines Lebens versucht, seine Erlasse und Befehle, die Glück und Unglück für den Einzelnen bedeuteten, jedoch das Gelingen oder Misslingen seiner Staatsidee in sich trugen, zu verbrennen, wobei seine Matratze, sein Bett und Möbel Feuer fingen und aus dem Fenster des Palastes geworfen wurden. Der Brand gewährte den Untertanen so erstmals Einblick in den Palast der Macht, den uns nun auch der Roman gewährt. Eine Chronik der Entstehung des Staates Paraguay und eine kritische Befragung der Macht und der Mächtigen.

Nicht verwunderlich, dass Augusto Roa Bastos während der Diktatur von Alfredo Stroessner Jahrzehnte im Exil leben musste, zuerst in Argentinien und, nach dem dortigen Militärputsch von 1976, in Frankreich. Erst nach der Vertreibung des Excelentísimo Stroessner konnte Roa Bastos wieder in seine Heimat zurückkehren.

Ein Dreivierteljahr nach dem Tod Francias kam es 1841 in Asunción zu einer heftigen Auseinandersetzung über die Bedeutung seiner Politik, die sich an seinen sterblichen Überresten festmachte. Roa Bastos zitiert in *Ich, der Allmächtige* einen Bericht: *Es zirkulierten Pamphlete und Schmähschriften, es waren Prosa und Verse im Umlauf. Seine Feinde und seine Anhänger traten begeistert zum Gefecht an. Die ersten erklärten, der Allmächtige sei nicht würdig, in einer Kirche zu ruhen, und kündigten öffentlich an, sie würden sich seiner Überreste bemächtigen, um sie auf einen Misthaufen zu werfen. Kurze Zeit später geschah es, wie in diesem Zusammenhang erwähnt werden muß, daß eines Morgens am Kirchenportal ein Anschlag auftauchte, von dem es hieß, er selbst habe ihn aus der Hölle geschickt, und in dem er darum bat, man möge ihn zur Entlastung von seinen Sünden von diesem heiligen Ort fortbringen. Mehrere der vom Allmächtigen erbittert verfolgten Familien, darunter die Familie Macháin, machten überdies keinen Hehl aus ihrem Vorhaben, sich an seinen sterblichen Überresten zu rächen. Die Anhänger blieben ihrerseits nicht untätig. Sie veranstalteten fortwährend Demonstrationen und zogen zum Grab ihres Anführers. Die Spannung wuchs im Lauf des Jahres 1841 und erreichte anscheinend ihren Höhepunkt am 20. September, dem ersten Jahrestag des Todes des Allmächtigen Diktators.*

Die entfesselten Leidenschaften drohten, einen Bür-
gerkrieg auszulösen; die Atmosphäre erhitzte sich, bis
schließlich der für die Lösung schwerwiegender inter-
nationaler, wirtschaftlicher und sozialer Probleme so
notwendige Frieden der Nation gefährdet war. Da-
raufhin schritten die Konsuln energisch zur Tat; sie
ließen das Grabmal zerstören, das die Überreste be-
wahrte, und diese ›an unbekanntem Ort‹ vergraben.

In den folgenden Jahren wurde immer wieder nach
den Gebeinen des Allmächtigen gesucht, bald gab es
von ihm – wie bei vielen Heiligen der katholischen
Kirche – zwei Schädel, mehrere Bein-, Arm- und
Handknochen. Wie der Streit um die Echtheit seiner
Gebeine dauert seitdem die Debatte an, welche politische Bedeutung Dr. Francia für die Geschichte Paraguays hatte. Der Diktator führte das Land in die
Unabhängigkeit und schuf eine für die damalige Zeit
mustergültige Republik mit einem hohen Maß an Gerechtigkeit und sozialer Gleichheit. Ein Staat, in dem
die indigene Bevölkerung ihre Anerkennung fand und
nicht wie in Argentinien ausgerottet wurde. Der Preis
dieses *weisen Herrschers* – in der Tradition von Thomas Morus, den Francia wahrscheinlich gelesen hat –
war, dass die Gewalt für die Durchsetzung seiner Ziele
nötig und selbstverständlich war. Vor allem aber auch,
dass er die Freiheit im Interesse des sozialen Staats ein-
schränkte. In dem *Land der Vollidioten,* so ein Zitat

des Allmächtigen, wo alles befohlen wurde, konnten sich keine Eigenverantwortung und damit auch keine demokratischen Strukturen herausbilden. Denn wo nur der eine, der Diktator supremo, frei ist, sind alle anderen unfrei. Und es ist kennzeichnend, dass die Künste, wie in vielen utopischen Staatsentwürfen, nur geduldet werden, wenn sie dem Staat dienen. Aus der Regierungszeit Francias gibt es keine bemerkenswerten Werke der Malerei, keine Kompositionen, keine schöne Literatur, keine Theater. Die Künste, die den utopischen Raum der ästhetischen Freiheit schaffen, sind nicht nützlich. Im Gegenteil, sie sind verdächtig, weil sie den realen Raum, die Wirklichkeit, per se infrage stellen. Allein die Militärmusik mit ihren Trommeln und Pfeifen wurde unter Francia gepflegt.

Den meisten Bewohnern erschien nach Jahrzehnten der Abgeschlossenheit die Diktatur als eine dem Lande und ihrer Mentalität angemessene Regierungsform. Dr. Francia spricht: *(Der Anfang der Seite verbrannt) ... du kannst nicht mehr handeln. Du sagst, du willst die Katastrophe deines Vaterlands nicht erleben, für die du selbst die Grundlage gelegt hast. Du wirst vorher sterben.*

Sechs Monate nach Francias Tod und nach verschiedenen Junten mit kurzzeitigen Präsidenten hatte Paraguay einen neuen mächtigen Konsul, der 1844 vom

Kongress zum Präsidenten gewählt wurde: Carlos Antonio López. Er schrieb sich eine Verfassung, nach der er alle zehn Jahre wieder zum Präsidenten gewählt werden konnte – was zweimal geschah. Zweiundzwanzig Jahre lang herrschte er über Paraguay. Er öffnete die Grenzen, ließ Straßen und Schulen bauen und belebte wieder den Handel und die Wirtschaft. Das hatte einen guten Grund, denn im Gegensatz zu Dr. Francia, der nichts außer einer silbernen Taschenuhr besaß und auf sein Gehalt verzichtend von seinem Ersparten lebte, gehörten López große Teile Paraguays. Ein Genussmensch, der alle höheren Ämter mit Mitgliedern seiner weitverzweigten Familie besetzte, seinen frömmelnden Bruder ernannte er zum Bischof, seinen kaum zwanzigjährigen Sohn, Francisco Solano López, machte er zum Marschall, kürte ihn zu seinem Nachfolger und beschwor ihn, bevor er starb, *die Probleme mit der Feder und nicht mit dem Schwert zu lösen.*

Das tat Francisco Solano López nicht, sondern er begann einen Krieg – Paraguay hatte damals das größte Heer Lateinamerikas – mit Argentinien, Brasilien und Uruguay, der sogenannten *Triple Alianza.* Sie wurde von England favorisiert und unterstützt, das in den paraguayischen Markt drängte. Der Krieg dauerte sechs Jahre. Als der Diktator, Marschall López, 1870 bei Corá mit den Resten seiner Truppe geschlagen worden war und, durch einen Lanzenstich im Bauch und einen Säbelhieb am Schädel verwundet, am Boden liegend gefragt wurde, ob er sich nicht endlich ergeben wolle, soll er geantwortet haben: Ich sterbe mit dem Vaterland. Das war insofern richtig, als von den ursprünglich – die Schätzungen gehen auseinander – knapp anderthalb Millionen Paraguayern nur zweihunderttausend Frauen und achtundzwanzigtausend Männer überlebten. Zuletzt waren Frauenbataillone und, wie man sich erzählte, Kinder mit angeklebten Bärten gegen den Feind geführt worden. Nach dem Krieg sank Paraguay, entvölkert und um sechzig Prozent seiner Gebiete ärmer, zu einem unbedeutenden Land herab. In den Jahren von 1870 bis 1954 gab es vierzig Caudillos, darunter auch einige Achtundvierzig-Stunden-Präsidenten. 1932 kam es abermals zu einem Krieg, dem sogenannten Chaco-Krieg mit Bolivien. Es ging dabei um Grenzziehungen und Ölvorkommen, die man im Chaco vermutete, was sich als Irrtum herausstellen sollte, ein Irrtum, der, zusammen mit den zivilen Toten, einhundertsechzigtausend Menschen das Leben kostete. Stroessner hatte in diesem Krieg als Offizier gekämpft.

Reise nach Paraguay 2010

In der Ankunftshalle des Aeropuerto Silvio Pettirossi hängt nicht mehr das übergroße Bild des Generalísimo Stroessner, nach dem der Flughafen früher benannt war. Eine schlichte Fotografie zeigt jetzt Silvio Pettirossi, Paraguays ersten Piloten und Kunstflieger von internationalem Ruhm. Bei einer Luftschau 1916 in Argentinien brach bei einem Looping an seiner Maschine ein Flügel ab – er stürzte in den Tod.

Wir, Dagmar und ich, hatten uns spontan entschlossen, während einer längeren Reise durch Brasilien und Argentinien einen Flug von Buenos Aires nach Asunción zu buchen. Dagmar, in Argentinien aufgewachsen, kannte Paraguay nicht, kannte aber meine Erzählungen. Vor recht genau fünfundzwanzig Jahren war ich durch Paraguay gereist und hatte von der Weite und Vielfalt des Landes geschwärmt, von dem Gran Chaco und den dort lebenden Mennoniten und den bei ihnen arbeitenden Indianern, mit denen man sich auf Plattdeutsch unterhalten kann, von den Ruinen der Jesuitensiedlungen und den Maká-Indianern, die auf einer Insel des Río Paraguay leben.

Wir fuhren mit dem Taxi zu einem Hotel, das zu einer Firmengruppe gehört, die überall auf der Welt ähnlich eingerichtete Häuser betreibt. Die sterile Heimat der Vielreisenden, die nachts auch ohne Licht in die Toilette finden.

Am späteren Nachmittag gingen wir durch die Stadt, die, wie man an der Rezeption betonte, sicher sei, anders als die sonstigen südamerikanischen Metropolen. Die Straßen waren sauber, und im Gegensatz zu Buenos Aires schien, jedenfalls in dieser Gegend, niemand auf der Straße leben zu müssen. Seit meinem ersten Aufenthalt waren mehr Hochhäuser gebaut worden, mehr Banken, mehr Import-und-Export-Geschäfte waren hinzugekommen, auch der Autoverkehr hatte zugenommen. Auf dem Platz der Republik standen keine Militärfahrzeuge. Wir sahen eine moderne Stadt, die nur von fern den Bildern meiner Erinnerung glich.

Alfredo Stroessner war 1989 gestürzt worden und nach Brasilien ins Exil gegangen. Andrés Rodríguez, General, dessen weitläufige Villa man mir während meiner ersten Reise mit dem Hinweis gezeigt hatte, er sei durch Drogenhandel reich geworden, hatte gegen den inzwischen wie ein politisches Fossil wirkenden

Generalísimo Stroessner geputscht. Rodríguez hatte nach dem Putsch, wahrscheinlich unter dem Druck der USA, freie Wahlen zugelassen. Vier Präsidenten waren inzwischen gewählt und wieder abgewählt worden, alle Kandidaten der schon Jahrzehnte herrschenden Staatspartei Colorados. 2008 jedoch war Fernando Armindo Lugo zum Präsidenten gewählt worden. Mit Lugo, einem Priester und Bischof, der aus dem Umkreis der Befreiungstheologie kam und unter Stroessner im Exil in Rom hatte leben müssen, kam erstmals ein Kandidat der Gewerkschaften und radikaloppositionellen Gruppen an die Macht. Er trat mit einem bemerkenswerten Programm an: einer Bildungs-, einer Gesundheits- und vor allem einer Landreform. Neunzig Prozent der produktiven Landwirtschaft Paraguays gehörten nur fünf Prozent der Bevölkerung.

Wir kamen in einem hoffnungsvollen Moment in das Land. Die Justiz war wieder unabhängig, die Presse konnte frei und kritisch berichten. Geblieben war die politische Abhängigkeit von den USA, und geblieben war auch die Korruption, dieses Erzübel lateinamerikanischer Staaten, allerdings war sie nicht mehr so schamlos offen wie zu Zeiten des Stronismo. Die Prostitution, die sich früher bunt in der Hafengegend konzentrierte, war am Abend über die ganze Stadt verteilt. Hierher kamen neuerdings die Freier aus Argentinien und Uruguay mit Wochenend-Billigflügen. Die Polizei regelte den Verkehr, schrieb Falschparker auf und stand nicht mehr schwer bewaffnet an den Straßenkreuzungen herum. Das Militär trat, im Gegensatz zu meiner ersten Reise, nur beim Wachwechsel vor dem Präsidentenpalast in Erscheinung.

Ich habe in meinem Journal von 1984 nachgelesen, was ich über die Reise stichwortartig geschrieben hatte. Eine Recherchereise für einen Roman, der später unter dem Titel *Schlangenbaum* erscheinen sollte. Die Recherche war der eine Grund, den später auch das Finanzamt als von der Steuer absetzbar anerkannte, aber hinter der Reise verbargen sich noch andere Wunschziele.

Asunción, Dezember 1984
Der erste Gang durch die Stadt, ein- und zweistöckige Etagenhäuser, Kolonialstil, Fenster schmal und hoch, verschnörkelte Gesimse, die hölzernen Fensterläden geschlossen, unten auf den Stufen eines Hauses schläft eine zerlumpte alte Frau, ein paar struppige Palmen stehen in den Vorgärten, und einige Hochhäuser künden von der Entwicklung der Stadt: Banken, Banken, europäische, lateinamerikanische, nordamerikanische, die Chase Manhattan Bank, Marmorstufen, ein verglast strahlender Eingang, dahinter die ausgeleuchtete Halle, die Kühle verspricht, Wechselstuben, Männer,

die in handlichen Rollen Pesos halten, schmierige Lap-
pen, kein Wind, keine Thermik, der Himmel blaugrau,
feuchtheiß, die Sonne steht in einem Kreis von Spek-
tralfarben. Die Geschäfte mit dem Schund aus Nord-
amerika, Comichefte, Radiorekorder, Schallplatten,
Klamotten.

Der Präsidentenpalast, ein verkleinerter Louvre,
in Sichtweite der Bar Orion. *Der Namenszug leuch-*
tet in rotem Neon über dem Eingang. Eine Hafen-
kaschemme, aus der jetzt am Nachmittag Rumba-
musik dröhnt. Der Platz der Republik ist leer. Die
Sonne brennt. Die Leuchtschrift an einer Apotheke
zeigt achtunddreißig Grad. Im Hausschatten der Bar
stehen zwei Nutten in engen, kurzen, in die Ober-
schenkel kneifenden Röcken. Die eine hat ihre hoch-
hackigen Sandaletten ausgezogen, steht in ihren
Netzstrümpfen im Staub. Sie lachen, rauchen und
reden mit den sechs oder sieben Arbeitern und Ma-
trosen, die an Plastiktischen sitzen. Im nahe gelege-
nen Hafen wird ein verdreckter Motorkahn entladen.
Stückgut. Ein altertümlicher Kran hievt Fässer, Kisten
und Ballen in einem Netz aus dem Laderaum. Vor
dem Frachtkahn liegt ein alter Flussdampfer mit Pas-
sagierkabinen, die Achsen der Schaufelräder sind dick
eingefettet, eine schwarze Schmiere, an der Vögel pi-
cken. Die Fahrt geht einmal die Woche den Río Para-
guay hinauf in den Urwald.

Zurück in die Altstadt, durch aufgeheizte Straßen,
Richtung botanischer Garten, dort ins Museum. Die
Räume sind nicht klimatisiert und atmen den Geruch
von trockenem Holz und eine Ahnung von einem che-
mischen Mittel, wahrscheinlich, um Ungeziefer fern-
zuhalten.

Tatsächlich entdeckte ich später unter einer Vitrine
zwei verendete Kakerlaken. Außer mir war kein Besucher in dem Museum. Die ausgestellten Objekte, Pflanzen, Werkzeug, Kriegswaffen, Tontöpfe, die in Alko-
holgläsern eingelegten Schlangen, auch ein Walembryo
lag so fern aller Meere in Spiritus, Musikinstrumente,
all das war mit kleinen, von Hand beschriebenen Papp-
kärtchen gekennzeichnet. Manchmal stand lediglich
der lateinische Name darauf: Dasypus novemcinctus,
ein Gürteltier. Von all den nebeneinanderstehenden
und -liegenden Dingen fesselte ein Gegenstand meine
Aufmerksamkeit besonders – ein Traumfänger. An einer Bambusstange war an einem Weidenring ein aus
feinem Bast gewebtes, sackförmiges Netz befestigt.
Um die Öffnung des Netzes hingen, wohl als Lock-
speise, winzig zarte blaue, rote und gelbe Kolibri-
federn. Sollten so die bösen Träume gefangen werden?
Oder solche, die den Träumer mit einem Glücksgefühl
erwachen ließen? Oder galt es, jedweden Traum festzuhalten und später zu deuten?

Auf Pappstellwänden waren die verschiedenen Völker Paraguays mit Fotos vorgestellt, Federkronen, Bogen, Blasrohre, barbusige Frauen beim Tanz, Kaziken. Darunter Texte auf Spanisch. Die Stellwand der Maká war durch die feuchte Hitze gewellt, das aufgeklebte Papier hatte sich vom Sperrholz gelöst und hing schlaff mit den aufgedruckten Fotos herab: Frauen beim Flechten von Körben, Männer saßen im Halbkreis vor einer Stele mit der Bronzebüste eines Mannes.

Ich ging zum Eingang, wo eine junge, schwangere Frau in einem adrett gebügelten blauen Uniformkleid als Aufsicht saß. Ich fragte sie nach der Insel und der Siedlung der Maká-Indianer. Sie verstand kein Englisch und ich nicht ihr mit Guaraní durchsetztes Spanisch. Meine Gestik, die den Fluss in Wellenbewegungen beschrieb, die Fähre, die Insel, dann das Deuten auf das Schild der Maká-Indianer, verfolgte sie äußerst gespannt, dann aber mit einem ratlosen Kopfschütteln. Sie zeigte auf ihren Ehering. Konsterniert schüttelte ich den Zeigefinger, um das Missverständnis auszuschließen. Die junge Frau deutete mit der Hand zum Ohr, sie wolle telefonieren, und dann auf den Boden, ich solle warten.

Eines meiner Ziele in Paraguay waren die Maká, eine kleine Ethnie, die auf einer Flussinsel im Río Paraguay lebte. Sie hängen einer ganz eigentümlichen Religion an, ihre Verehrung gilt einem russischen Zarengeneral. Für ihn, hatte ich gelesen, war ein Standbild errichtet worden, das zum spirituellen Ort des Gesprächs mit dem Verstorbenen geworden war.

1932 war ein Krieg zwischen Bolivien und Paraguay ausgebrochen, dessen Anlass gegenseitige Gebietsansprüche im menschenleeren Chaco waren, wo Erdölvorkommen vermutet wurden, was sich später als Irrtum erweisen sollte. Der Krieg wurde mit unerhörter Härte geführt, und auf beiden Seiten kämpften noch viele der nach dem Ersten Weltkrieg brotlos gewordenen deutschen und russischen Offiziere mit.

Ähnliches wiederholte sich nach Ende des Zweiten Weltkriegs. Bei uns zu Hause tauchte ein Mann auf, der sich als ehemaliger Kamerad des Vaters vorstellte, ein Jagdflieger. Er blieb zum Abendessen und erzählte von seinem Leben in Argentinien und Paraguay, wohin er nach dem Krieg mit anderen deutschen Söldnern gegangen war. Eine Zeit lang war er wohl als Ausbilder von Piloten beschäftigt gewesen, was er jetzt machte, außer Reisen, wurde nicht ganz deutlich. Waffenhandel, wie meine Mutter vermutete? Geheimdienst, wie mein Vater glaubte? Wirtschaftsberater, wie der Mann sagte? Ein Mann, der so auffällig anders gekleidet war, in seinen beigen Hosen, dem weißen offenen Hemd, dem ausgebeulten schwarzen Blazer, an den Füßen braune Slipper. Mir, dem Kinde, blieb dieser Unterschied zwischen dem im Anzug und mit Krawatte korrekt gekleideten Vater und diesem wie aus einem amerikanischen Film kommenden Mann noch lange vor Augen. Ich vermute heute, der Vater hätte gern mit dem Mann getauscht. Der erzählte von den Anden, von der Pampa, wie er mit dem Schatten seiner Cessna Strauße jagte, während die weidenden Rinder stumpf weitergrasten. Er erzählte, und diese Erzählungen bewegten das Kind in den folgenden Wochen, von der Urbevölkerung, von den Indianern, die auf von ihnen aus Schilf geflochtenen Inseln auf dem Titicacasee lebten, und von den Maká, die im Fluss Paraguay siedelten und einen russischen General anbeteten. Eine paradiesische Gemeinschaft schöner Menschen, in der die Frauen das Sagen hatten, deren Gesang nachts über den breiten Strom zu hören war. Es sind solche Erzählungen, die aus der Kindheit reichend zum Muster unserer ahnungsvollen Wünsche und späteren Handlungen werden.

So saß ich vor einer Vitrine, in der eine Mumie lag, und wartete. Nach einiger Zeit kam die schwangere Frau mit einem Mann zurück. Er sprach Englisch und war der Ehemann der Aufseherin. Jetzt wurde der Hinweis auf den Ehering verständlich. Er war in einer Behörde beschäftigt, im Wirtschaftsministerium. Die Indianer auf der Insel kannte er nicht. Er ging in das kleine Büro am Eingang und telefonierte, kam zurück mit dem Strahlen der Erkenntnis im Gesicht. Er bot sich an, mich zu der Stelle zu fahren, von wo eine Fähre zur Insel ablegen sollte.

Er fuhr mit seinem neuen VW tapfer über den zerklüfteten staubigen Weg, während ich ihm von Deutschland erzählte, das er für ein wahres Wunderland hielt. Er stieg aus, fragte Landarbeiter, stieg ein, wir fuhren, er stieg aus, fragte, stieg ein, und schließlich hatten wir den kleinen Hafen am Fluss gefunden, in dem drei, vier verrostete Schiffe lagen und ein schief im Wasser schwimmender Blechkahn mit einem Glühkopfmotor. Ein Mann stand neben der Fähre in einem orangefarbenen Hemd und einer gelben Plakette mit der Aufschrift *Colonia Maká* auf der Brust. Der Mann sei ein amtlicher Führer, sagte mein Begleiter, nur mit einem solchen dürfe man die Insel und die Siedlung betreten.

Der Wirtschaftsbeamte wollte mich begleiten, ließ es aber, als er den Preis der Überfahrt, dreitausend Guaraní, etwa sieben Dollar, hörte. Mit besorgtem Gesicht nahm er von mir Abschied. Der Schiffer, ein Paraguayer mit einer Boxernase, warf den Motor an, das Boot tuckerte mit leichter Schlagseite gegen die Strömung ankämpfend los. Breit war der Fluss hier, ein gelbbraunes Wasser, in dem Äste, belaubte Bäume und großblättrige Pflanzen schwammen. Nach einer guten Dreiviertelstunde kamen wir an das dicht bewachsene Ufer der Insel. Ein wackeliger Steg, ein gelbes Schild mit der Aufschrift *Colona Maká.* Wir legten an. Am Ende des Stegs standen sieben oder acht Frauen und Mädchen, zogen ihre orangefarbenen Shirts hoch und legten die Brüste frei. Hundert Guaraní wollten sie pro Foto und Person haben. Das alles wurde gestisch vermittelt, nur die Zahlen wurden auf Spanisch genannt. Ich winkte ab. Die Mädchen zogen enttäuscht ihre Shirts über den Busen. Mit einem langen Stock, an den er sich mehr zu klammern schien, als dass er sich darauf stützte, kam ein uralter weißhaariger Mann, wahrscheinlich der Schamane, und neben ihm der Kazike mit Federkrone. Der Kazike schwenkte eine Schlange, eine kleine, handliche Boa, um den Kopf und wollte tausend Guaraní für ein Foto haben. Um die erwartungsvoll blickenden Frauen nicht zu enttäuschen, zog ich eine Tausend-Guaraní-Note aus der Tasche, die mir von dem Kaziken aus der Hand gerissen wurde. Die Mädchen balgten sich mit dem Kaziken um die Banknote. Der Uralte stieß klagend krächzende Laute aus.

An diesem Tag war ich der erste Besucher der Kolonie. Ich ging zu der Siedlung, hinter mir die Streitenden, ging an den mit Plastik abgedeckten Strohhütten vorbei, vor denen einige Frauen und Männer saßen und einer Tätigkeit nachkamen. Beim genauen Hinsehen sah ich, dass ihr Tun einen Indianeralltag vortäuschen sollte, ein Mann, der an einem Axtstil unkonzentriert mit einem Messer herumfummelte, eine Frau, die einen Bastkorb flocht und, als ich mich nochmals umdrehte, das Werk achtlos beiseitegestellt hatte. Drei Männer, die Mate tranken und die kleinen Kürbisgefäße mit den Bombillas wie Whiskygläser hoben. Frauen, die Gemüse schnitten. Sie posierten, und ich versuchte, genau das im Foto festzuhalten, das Groteske, die Alten hielten still, richtete man die Kamera auf sie, hielten inne in ihrer Arbeit, während die Jungen sich in der vorgetäuschten Geschäftigkeit nicht irritieren ließen und einfach weitermachten. Auf dem Versammlungsplatz, dem heiligen Platz, wie mein Führer mir zuflüsterte, hatten sich die meisten Männer der Siedlung versammelt. Sie saßen in einem Halbkreis um die Stele, auf der General Beljaevs Kopf in Bronze samt Zwicker thronte.

Der zaristische General war nach der Revolution von Sankt Petersburg nach Paris emigriert und dort von der Regierung Paraguays als Militärberater angeworben worden. Nach und nach traten sechzig russische Offiziere, die nach dem Ersten Weltkrieg und der Revolution ihren Beruf verloren hatten, in den Dienst der Armee Paraguays. Sie bildeten im Chaco-Krieg den Generalstab und waren Truppenführer. Es war wie eine russische Revanche für den von Russland verlorenen Krieg gegen Deutschland. Denn die bolivianische Armee wurde von dem ehemaligen deutschen General Kundt befehligt. Der kannte sich im märkischen Sand und in den ostpreußischen Wäldern aus, nicht aber in den Dornenbuschsavannen des Chacos.

General Beljaev hingegen hatte schon vor Kriegsbeginn den Chaco bereist, hatte dort geographische, botanische und ethnologische Forschungen betrieben, sich mit einem Stamm, den Maká, angefreundet, hatte bei ihnen gelebt und ihre Sprache erlernt. Während des Chaco-Kriegs hatte er sie als Späher eingesetzt. Die Bolivianer fuhren wie die Blinden durch den Chaco, gerieten in Hinterhalte, verloren Gefechte, Schlachten, General Kundt wurde entlassen und nach Deutschland zurückgeschickt, während General Beljaev als Sieger nach Asunción zurückkehrte. Er hatte seinen Maká-Spähern die Wahl gelassen, im Chaco zu bleiben oder mit ihm nach Asunción auf eine ihnen als freies Land versprochene Insel zu gehen. Sie waren ihm gefolgt und lebten nun hier als Touristenattraktion.

Vor der Büste des Generals, der hier beerdigt worden war und, wie mir mein Führer sagte, als Messias verehrt und angebetet wurde, saß jetzt ein amerikanischer Missionar in einem blau-grün karierten Hemd und predigte in der Sprache der Maká. Ich hatte gehofft, Zeuge einer ganz eigenen spirituellen Handlung zu werden, in der die Gemeinde in ein Zwiegespräch mit dem verstorbenen General trat. Mein Begleiter hatte mir auf dem Blechkahn beschrieben, wie einige Männer in Trance gerieten und wie aus ihnen dann die Stimme des Generals zuweilen auch auf Russisch spräche. Jetzt saß da ein vertrockneter, schmallippiger, rotblonder nordamerikanischer Missionar und versuchte die missmutig Zuhörenden von ihrem Irrglauben abzubringen, um sie in den Schoß einer der evangelikalen Sekten zu führen. Ihnen waren von der Missionskirche, wie mir mein Begleiter berichtete, ein Stromgenerator und vier Waschmaschinen versprochen worden. Das Waschpulver, ein amerikanisches Produkt, müsse dann in der Stadt gekauft werden.

In meinem Tagebuch lese ich: *der abgehärmte Missionar mit seiner dummen Tucke, Kotzbrocken,* ein verbaler Furor, gegen all die in Lateinamerika wirkenden amerikanischen Evangelikalen gerichtet, die an der Zerstörung indigener Kultur arbeiten, um sie für den westlichen Konsum zu firmen.

Inzwischen war es später Nachmittag geworden, und die ersten Sammeltouristen kamen. Darunter eine deutsche Gruppe. Männer und Frauen ließen sich mit den barbusigen Frauen und dem Touristen-Kaziken fotografieren. Eine vom Dialekt her offenbar aus Norddeutschland stammende Frau durfte sogar die sedierte Boa halten. Sie tat es mutig, mit abgespreizten kleinen Fingern und einem nach Beifall heischenden Blick. Jene Maká, die nicht gerade im Dienst der Touristen standen, zeigten deutlich ihre Ablehnung. Diejenigen hingegen, die irgendeiner Scheintätigkeit nachgingen und sich dabei fotografieren ließen, schienen dafür regelrecht ausgebildet worden zu sein. Sie sollten den Neugierigen geben, was sie erwarteten, um ihnen zu nehmen, was sie mitbrachten, Geld. Ein Tauschgeschäft, in dem sie sich zwar selbst zur Ware machten, aber doch zu einer selbstbestimmten. Denn auffallend war, dass jene Gruppe Maká, die im Abseits blieb, sich höchst distanziert und geradezu feindselig gegenüber den Touristen verhielt, ja sich sogar verbat, fotografiert zu werden.

Am späten Abend fuhr ich allein mit meinem Begleiter zurück und musste auf dem vom Halbmond schwach beleuchteten Fluss noch eine Erpressung abwehren. Der Motor blieb plötzlich stehen, wir trieben in der Mitte des Stroms dahin.

Entweder mehr Geld oder aussteigen, sagte der Besitzer der Schaluppe. Ein Versuch der Einschüchterung. Zur Not schwimmen. Auch das ging mir durch den Kopf, gab es in dem Fluss Kaimane? Schuld war, wenn ich es richtig verstand, ich, weil ich zu lange auf der Insel geblieben war. Ich setzte mich in den Bug, blickte über den Strom. Hinter meinem Rücken führte der Schiffer mit meinem Begleiter ein heftiges, lauter werdendes Gespräch, in dem über mein

Schicksal verhandelt wurde. Mein Begleiter mit dem gelben Schild *Colonia Maká* hatte mich, glaubte ich später, gegen den Schaluppenpiraten verteidigt. Tatsächlich wurde der Motor nach einiger Zeit wieder angeworfen, und wir landeten in der Dunkelheit in dem kleinen Hafen. Ein Arbeiter nahm mich auf seinem Motorrad mit in die Stadt.

Nachts saß ich auf dem Hotelbalkon und hörte aus einem fernen Garten den wundersamen, von einer Gitarre begleiteten Gesang auf Guaraní, der so melodisch und so überreich an reinen Vokalen war, dass sich der Raum um mich zu weiten schien, und doch war es nur das Herz.

Wir, Dagmar und ich, sind 2010 dann doch nicht zu der Maká-Kolonie gefahren. Wir sahen die vor den Hotels wartenden Busse, die Touristen zur Fähre transportierten, und ich hatte von den Angeboten für Touristen gelesen, sich im Wahrsagen nach der Maká-Mythologie ausbilden zulassen. Auch waren wir von den vorangegangenen Reisen ermüdet, und so kam es, dass wir uns in den drei Tagen nicht aus der Stadt entfernten. Wir besuchten Museen, das ethnologische Barbero und die Casa de la Independencia, ein eher bescheidenes einstöckiges weiß gestrichenes Haus im Kolonialstil, in dem am 14. Mai 1821 die Unabhängigkeit Paraguays beschlossen worden war. Bilder zeigen Revolutionäre, spanische Grundbesitzer und Militärs und den finster blickenden Diktator, *el Supremo,* Dr. José Gaspar Rodríguez de Francia.

Dagmar studierte die Alltagsgegenstände aus der Kolonialzeit, die Stühle mit ihren verschnörkelten Lehnen, thronartige Betten, Tische mit knospenden Beinen, als hätte die tropisch wuchernde Vegetation auch die Möbel erfasst, Kommoden, Lampen, Dinge, deren Anschauung für ihre Übersetzungen aus dem Spanischen wichtig waren.

Nachmittags saßen wir in einem Café gegenüber dem Panteón de los Héroes, einem verkleinerten Nachbau des Invalidendoms. In diesem Ruhmestempel liegen all die Marschälle und Generale der langen Kriege, die Paraguay mit seinen Nachbarn, Argentinien, Uruguay, Brasilien und Bolivien, geführt hat. Sogar die Schutzpatronin des Pantheons, die Virgen de la Asunción, hat den Rang eines Marschalls. Die Geschichte Paraguays ist, das erinnert an die deutsche Geschichte, von verheerenden Kriegen bestimmt, die allesamt, bis auf den Chaco-Krieg gegen Bolivien, verloren gingen.

Wir saßen, lasen, tranken Kaffee, später einen Aperitif, beobachteten die Mütter, die ihre Kinder von der Schule abholten, und ich übte mich unter der Anleitung von Dagmar im Versenden von Grüßen und Fotos mit dem Handy, das die Kinder mir zur Reise

geschenkt hatten. Wir überlegten, zu den Jesuitensiedlungen zu fahren, aber ich sagte, so viel gebe es
dort nicht zu sehen, was nicht mit meiner früheren
Schwärmerei übereinstimmte. So blieb es bei einem
erholsamen, ganz unspektakulären Stadturlaub in
Asunción.

Im Dezember 1984 war ich auf dem Weg von Asunción zu der Jesuitenreduktion Trinidad Richtung Encarnación unterwegs. Der Überlandbus wurde immer
wieder auf offener Strecke von der Militärpolizei an-
gehalten. Am Straßenrand standen kleine gemauerte
Wachhäuser mit Schießscharten. Davor saßen Soldaten, Maschinenpistolen auf den Knien. Es war die
Zeit, als Bauernkooperativen gegen die Enteignung
ihres Landes protestierten und es zu Schießereien mit
dem Militär gekommen war. Mehrere Campesinos
waren getötet worden, einige, darunter ihr Anführer,
hatten fliehen können.
  Ich saß in dem überfüllten Bus mit Landarbeitern,
Frauen mit Säcken und Körben, Hühnern, eines lag
wie narkotisiert auf dem Schoß einer Frau, im Gepäcknetz Ferkel, die Beine gefesselt, eine bunte Mi-
schung von jungen und alten Frauen, Kindern, Männern, darunter der eine oder andere Europäer und
Amerikaner. Ich las den Roman *Der Herbst des
Patriarchen* von Gabriel García Márquez. Der Bus

hielt, ein Militärpolizist stieg ein, ging langsam durch den Gang, blickte die rechts und links sitzenden Passagiere an, kam zu mir und verlangte meinen Pass. Genau und ein wenig umständlich studierte er ihn, verglich das Bild mit mir. Gab mir den Pass zurück. So war es bei jedem Halt, bei jeder Kontrolle, jedes Mal verlangten die Militärpolizisten nur von mir den Ausweis. Am Aussehen, an der Kleidung konnte es nicht liegen, denn in dem Bus saßen auch andere europäisch wirkende Reisende. Es war, als wüsste man von meiner Fahrt durch das Land. Aber dann fiel mir auf, ich las ein Buch. Ich war der Einzige im Bus, der ein Buch las. Beim nächsten Halt steckte ich das Buch weg und wurde von da an für den Rest der Reise nicht mehr kontrolliert. Die kontrollierenden Soldaten hatten ganz instinktiv verstanden, was Literatur ist, naheliegend, mögliche Kritik an der bestehenden Regierung, aber weit mehr ist sie die Freiheit, die sich der Lesende nimmt und die ihm die Literatur gewährt, sich in einem virtuellen Raum zu bewegen. Literatur ist der utopische Raum. Eine Verweigerung der Nur-Realität, ein grundsätzliches Anders-Sein gegenüber dem Jetzt-und-Hier-Sein. Das Unkontrollierbare macht Literatur den Herrschenden verdächtig. Man kann sie nur verbieten. Sogar unpolitische experimentelle Literatur wird von Diktaturen verboten.

Ich war auf der Fahrt nach *El Tirol,* einem Hotel in der Nähe der Jesuitenreduktion Trinidad. Das Hotel wurde von einem Belgier geführt, warum der korpulente Mann mit seiner vom Rotwein geröteten Nase das Hotel nach dem bergigen Tirol benannt hatte, wollte er mir nicht beantworten. Er war von einer in dem Land ganz ungewohnten Unfreundlichkeit, blätterte lange in dem Terminbuch herum, suchte, sagte, sie seien ausgebucht. Ich hatte aber von einem Reisebüro in Asunción das Zimmer buchen lassen und zeigte ihm die Bestätigung. Nach einigem Zögern bekam ich einen aus Backstein gebauten kleinen Bungalow zwischen Bananenstauden zugewiesen. Das Zimmer war sauber, auch das Bad und die Toilette, alles war einfach und geschmackvoll eingerichtet. Zum Abendessen zeigte sich, das Hotel war gar nicht ausgebucht, und der Besitzer ging auf meine Frage, warum er mir kein Zimmer hatte geben wollen, nicht ein. Radierte mit dem Gummi in dem Terminkalender herum und wedelte die Gummikrümel in meine Richtung weg.

Die im Restaurant versammelte Gesellschaft, ungefähr vierzehn Frauen und Männer, meist um die sechzig, sprach Deutsch, laut, ja sie dröhnte. Hin und wieder blickte einer zu mir herüber, zwei Frauen, die mit dem Rücken zu mir saßen, drehten sich um, starrten mich an, ohne etwas zu sagen, kein Lachen, stumm, dann wandten sie sich wieder ihrem Essen zu.

Obwohl Deutsch gesprochen wurde, hartes Norddeutsch und das langsam auf und ab schleichende Deutsch der Schweizer, konnte ich nichts aus dem Stimmengewirr heraushören. Die Deutsche Botschaft hatte mir das Hotel als typisch für Auslandsdeutsche empfohlen. Sie zu treffen, war Teil meiner Recherche.

Die Bedienung, eine Paraguayerin, sprach Guaraní und Spanisch, war freundlich. Als ich sie nach dem Besitzer und den Gästen befragte, wurde sie von dem Besitzer weggerufen. Die geballte Feindseligkeit konnte ich mir nur so erklären, dass der Mann aus der Hauptstadt erfahren haben musste, dass ich Journalist oder Schriftsteller sei, der Kontakte zur verbotenen Opposition und zu Terroristen pflegte.

Abends saß ich am Swimmingpool, schwamm, schrieb in meinem Journal und verabredete mich für den nächsten Morgen mit dem Restaurator, der für die Jesuitensiedlung Trinidad zuständig war.

In den Sechzigerjahren hatte ich an der Universität München einen Vortrag über den Jesuitenstaat in Südamerika gehört. Ein theokratischer Stadtstaat. Die Jesuiten hatten im 17. Jahrhundert an den Grenzen der heutigen Länder Paraguay, Argentinien und Brasilien Siedlungen gegründet, in denen sie die nomadisierenden einheimischen Guaraní ansiedelten und zum

Christentum bekehrten. Eine Missionsarbeit, die, anders als bei den anderen katholischen Orden, die Einheimischen nicht durch die spanische Sprache und Kultur kolonisieren wollte. Die Jesuiten lernten die Sprache, das Guaraní, und beließen den Menschen ihre kulturellen Bräuche. Sie führten sie in Siedlungen, den sogenannten Reduktionen, zusammen, wo sie vor den Nachstellungen der Sklavenhändler sicher waren. Musik muss bei dieser Missionierungsarbeit eine wichtige Rolle gespielt haben. Die für Musik empfänglichen Guaraní wurden unter anderem dadurch gewonnen, dass die Jesuiten mit Kapellen und singend in den Urwald gingen und dadurch die Menschen anlockten und ihr Vertrauen gewannen. Der Vortrag an der Universität beschäftigte sich unter anderem mit der Frage, ob die Patres, die 1609 mit ihrer Arbeit anfingen, eine Vorstellung von dem einmal zu gründenden Staat hatten, möglicherweise von der Lektüre des Buchs *Utopia* von Thomas Morus angeregt, oder ob sich die theokratische Staatsform langsam aus der Voraussetzung entwickelt hatte, den Indianern eine eigene friedlich-fromme Lebensweise zu ermöglichen. Tatsächlich ist die Ähnlichkeit der Reduktionen mit den Beschreibungen Utopias erstaunlich. Die Reduktionen wurden später das Paradies genannt, und wir dürfen vermuten, dass es so etwas Ähnliches für die Guaraní auch gewesen ist. Außerhalb der Siedlungen waren sie rechtlos. Die Reduktionen boten ihnen Schutz vor Übergriffen, ein Leben in der Gemeinschaft, das ihnen nicht nur ein Auskommen garantierte, Essen und Kleidung, eine feste Behausung, sie konnten auch ihre Sprache pflegen, ihre Lust an ästhetischen Formen weiter ausbilden, erstaunliche Bilder, Skulpturen schaffen, vor allem aber sich dem Gesang und der Instrumentalmusik widmen. Die Guaraní hatten und haben, versicherte man mir, einen besonderen Sinn für Musik, für Gesang und Melodie. Musik wurde in allen Niederlassungen unterrichtet und gepflegt, und ein Jahrhundert später, als dieses Utopia eines gottgefälligen Zusammenlebens von außen, vom spanischen Staat, von Siedlern und Kolonisten, zerstört worden war, fand man in den Wäldern oder Ruinen der ehemaligen Kolonien Nachkommen der Indianer, die, gab man ihnen ein Notenblatt, zu singen begannen, das Blatt aber verkehrt herum hielten. Das Notenlesen hatten diese Generationen verlernt, aber die Melodien hatten sich ihrer inneren Stimme eingeprägt.

Das heilige Experiment begann 1609 im Länderdreieck der heutigen Länder Paraguay, Argentinien und Brasilien. Eine Synode von 1603 hatte sich gegen die Ausbeutung und Versklavung der einheimischen Bevölkerung ausgesprochen, mit dem Ziel, die

Einheimischen von den spanischen Siedlern zu trennen. Damit bekamen die Jesuiten das Recht, für ihre Missionsarbeit Reduktionen zu gründen. Innerhalb von zwanzig Jahren waren elf Reduktionen gegründet und zehntausend Guarani zum Christentum bekehrt worden. 1735 gab es dreißig Siedlungen mit über hundertvierzigtausend Bewohnern.

Die Reduktionen waren nach einem einheitlichen Grundplan aufgebaut. Sie waren durch Palisaden geschützt, im Mittelpunkt die dreischiffige Kirche, ein Glockenturm, das Wohnhaus der beiden Padres, der Friedhof, die Totenkapelle, eine Schule, ein Volkshaus, ein Vorratshaus, ein Witwenhaus, ein Hospital und, um den Kirchplatz gelegen, die Wohnhäuser der Einheimischen, aus Ziegeln gebaut und wegen der Brandgefahr auch mit Ziegeln gedeckt. In jedem Haus waren vier bis sechs Wohnräume für jeweils vier bis sechs Personen. An der Vorder- und Rückseite der Häuser verlief ein Säulengang. So konnte sich jeder bei Regen in der Siedlung bewegen. Die einzelnen Siedlungen waren auch über große Distanzen durch ausgebaute Straßen miteinander verbunden.

Zwei Jesuiten leiteten jede Siedlung, der eine vertrat das Gesetz der spanischen Krone. Sie waren Seelsorger, Ratsherren, Architekten, Richter, Ärzte, Handwerker, Kaufleute, Kirchen- und Instrumentenbauer.

Weißen Siedlern, Kreolen und Vertretern der Regierung, auch dem katholischen Bischof, war das Betreten der Siedlung verboten. Hier findet sich das für die Utopie so typische und notwendige Inselmotiv der abgeschlossenen Welt. Um die wirtschaftliche Unabhängigkeit zu sichern, mussten die Einheimischen an regelmäßige Arbeit gewöhnt werden. Die Jesuiten konnten jederzeit an einen anderen Ort versetzt werden, sie konnten sich nicht bereichern, das Gebot des Nicht-Besitzes gehörte zu ihrem Gelübde, sie mussten die Reduktionen durch Überzeugung und vorbildhaftes Verhalten leiten.

Die Selbstversorgung, die dem Gemeinwohl verpflichtete Regierung sowie die Arbeitsteilung und Arbeitsdisziplin trugen dazu bei, dass die Reduktionen sehr schnell wuchsen und wirtschaftlich prosperierten. Es gab kein Geld und kein privates Eigentum. Felder, Vieh, Geräte waren Eigentum der Dorfgemeinschaft. Die aus eigener Anstrengung erzielten Felderträge durften die Familien behalten und in der Gemeinschaft tauschen. Angebaut wurden Zuckerrohr, Tabak, Indigo, Baumwolle und vor allem Mate. Einige Reduktionen hatten große Schafherden und bis zu zehntausend Rinder. Die Handwerke wurden von den Einheimischen selbst ausgeführt, auch ausgefallene Berufe wie Silberschmied, Vergolder, Glockengießer, Instrumenten- und Orgelbauer.

Die Überschüsse, die alle Reduktionen gemeinsam, auch durch Verkauf nach außen, erwirtschafteten, wurden als Steuer an die spanische Krone abgeliefert.

Eine besondere Leistung der Jesuiten war die Einführung des Buchdrucks. Wörterbücher der einheimischen Sprachen wurden angelegt, die Bibel und andere Texte wurden in Guaraní übersetzt, sodass sich aus der Vielzahl der Dialekte – nicht unähnlich der lutherschen Bibelübersetzung – eine gemeinsame Sprache bilden und bis heute erhalten konnte. Guaraní ist neben dem Spanischen in Paraguay Landessprache.

Was in diesem Gesellschaftsversuch, der über hundert Jahre Bestand hatte und nur durch einen Eingriff von außen, durch die Vertreibung der Jesuiten, abrupt beendet wurde, nicht angelegt war, ist die Emanzipation der Einheimischen zur politischen Selbstbestimmung. Sie blieben in Abhängigkeit ihrer Patres, und das heißt: Herren.

Der florierende Jesuitenstaat geriet durch seinen wirtschaftlichen Erfolg in Konflikt zu den spanischen und portugiesischen Siedlern, zu der Amtskirche und zu den korrupten Kolonialbehörden. In Europa kamen Mythen und Gerüchte über sagenhafte Goldschätze in Umlauf. Die es nicht gab. Da niemand die Siedlungen betreten durfte, waren den Gerüchten buchstäblich keine Grenzen gesetzt. Sie wucherten ins Maßlose. Dass die Jesuiten die Guaraní nicht zwangen, Spanisch zu lernen, wurde so gedeutet: Sie wollten dadurch die Einheimischen in Unwissenheit und Abhängigkeit halten. 1750 kam es zu einem Vertrag zwischen Portugal und Spanien, der die Umsiedlung von dreißigtausend Einheimischen vorsah. 1767 wurden die Jesuiten vom spanischen König Carlos III. aus dem Besitz der spanischen Krone vertrieben. Fünfhundertvierundsechzig Jesuiten wurden verhaftet und nach Europa zurückgeschickt.

Mit der plötzlichen Ausweisung der jesuitischen Regierungselite zeigte sich der Nachteil des theokratischen Staatsmodells. Die Einheimischen waren, da sie nicht entscheidend in die Regierungsentscheidungen eingebunden waren, nicht in der Lage, die Verwaltung zu übernehmen. Alkohol, Ranküne, Überfalle führten schließlich zur Auflösung der Reduktionen. Die Einheimischen wurden, konnten sie nicht in die Wälder fliehen, in die Sklaverei verkauft. Damit war dieses kleine – nicht widerspruchsfreie – Utopia zerstört. Aber noch immer gibt es in der Wildnis große, wenn auch zugewucherte Orangenhaine und eine Vielzahl von Ruinen, von denen Trinidad eine der größten und am besten erhaltenen ist.

Der in der staatlichen Denkmalpflege für die Ruinenstadt Trinidad zuständige Restaurator holte mich morgens im Hotel *El Tirol* ab. Wir fuhren in einem

Pick-up durch dieses vielschattige, vielblättrige, stängelige, lappige Grün Richtung Trinidad, dem Ziel meiner langen Reise entgegen. Ich wollte die Reste einer *wirklichen* utopischen Gemeinschaft sehen. Ich war, als ich dann davorstand, überrascht von der Größe, von den massiven Teilen des Mauerwerks, den Bogen, Säulenbasen, dem Turm. Ich stand ergriffen vor der rotbraunen Ziegelwand des Hauptaltars mit den sorgfältig gemauerten Fugen, oben über dem Fenster hoben zwei aus einzelnen reliefartigen Ziegeln geformte Engel einen Kelchdeckel mit einem Kreuz in den Himmel. Ich stand und glaubte zu verstehen, warum diese Niederlassungen einmal das Paradies genannt worden waren – ein verlorenes für die Guaraní, die danach in der Sklaverei oder wieder in der Wildnis hatten leben müssen.

Abends kam ich ins Hotel zurück und dachte, mein Ausflug zu der Jesuitensiedlung mit dem Chefrestaurator hätte die Befürchtungen des Belgiers und seiner unheimlichen Gäste zerstreut, eventuell Opfer eines investigativen Berichts in Deutschland zu werden. Aber als ich ins Restaurant kam, war für mich abermals ein Tisch in der entferntesten Ecke gedeckt worden.

Ich hätte als Tourist zuerst nach *El Tirol* fahren und erst danach meine Recherchen in Asunción machen sollen. In diesem *El Tirol* hatten früher Nazis wie Rudel gewohnt, und auch Mengele soll hier gewesen sein, hörte ich später. Die Estancia, wo er länger gelebt hat, Hohenau, lag nicht weit von hier entfernt. Ich setzte mich. An dem Tisch der Gesellschaft war es still geworden. Zu hören war nur das Klappern der Gabeln und Messer. Hin und wieder blickten sie zu mir herüber, und wie auf Absprache drehten sich die Frauen um, unterbrachen das Kauen, starrten mich an. Dann wieder das Klappern der Bestecke. Wie wunderbar dezent doch Stäbchen sind, dachte ich. Ich verlangte die Rechnung. Die eingeschüchterte Guaraní-Kellnerin brachte sie und flüsterte mir etwas zu. Ich sah sie fragend an, aber sie drehte sich um und brachte die unterschriebene Rechnung dem Belgier.

Ich setzte mich in einen Sessel am Swimmingpool und schrieb im Licht einer Lampe in mein Journal: ... *die Kathedrale, die Seitenschiffe waren abgetragen und von den Indianern später zum Hausbau benutzt worden. Von 1712 bis 1794 stand die Stadt hier, davor die Indianerhäuser, schöne, langgestreckte Backsteinhäuser mit Portalen, von Säulen getragen, verziert und kanneliert. Die Statuen in der Kirche, Petrus, Paulus, etc. Keine raffinierten Gewandfalten, Bewegungen, Drehungen, sie stehen eher gedrungen und rundlich da. Wunderschöne Wasserspeier, oben Engel, die verschiedene Instrumente spielen, darunter einer, der ein Cembalo spielt, ein anderer eine Orgel. Die Engel sind nach Instrumentenart auf die verschiedenen Wände aufgeteilt, also Blas-, Streich- und Tasteninstrumente. Ich stand da, ich Idiot, und konnte es nicht photographieren, weil ich keine Filme mehr hatte. Idiotisch vor allem, weil es kleine, winzige Colone gab, und zwar auf den Ziegelfliesen des Kirchenschiffs. Da hatten die Indianer, deren Vorderleute, die Kaziken, auch in der Kirche begraben lagen, winzige Ritzzeichnungen gemacht: eine Galeere mit zwei kleinen Männern, der eine hält einen Anker. Eine Fliese zeigt die Sonne wunderbar stilisiert, eine andere die Gesichter zweier Padres. Im Museum liegt eine Fliese, die ebendiese Kirche zeigt, eine kleine Strichzeichnung.*

Am nächsten Morgen, dem Tag meiner Abreise, ging ich zum großen Swimmingpool, sah aus der Ferne eine Frau in einem schwarzen Badeanzug am Rand des Pools liegen, eine massige ältere Frau. Schneeweiß waren die schweren Beine und Arme. Ich beugte mich über sie. Sie war blau im Gesicht und tot. Was mich durchfuhr, war kein Schreck, sondern das eigentümliche Gefühl der Distanz wie beim Betrachten eines Fotos. Ich stand und betrachtete die tote alte Frau. Das eine Augenlid war geschlossen, das andere halb geöffnet, wie der Mund. Im Gesicht der Toten war ein Staunen, ein Überraschtsein, so, als wollte sie fragen: Was ist los? Ich stand einen Augenblick allein mit der Toten am Swimmingpool. Einer der tropischen Vögel, die nicht singen, sondern mit eigentümlichen Schnalzlauten auf sich aufmerksam machen, saß auf einer Hollywoodschaukel. Sonst war niemand zu sehen. Vielleicht, dachte ich – es war noch sehr früh am Morgen –, hat bisher niemand die Frau vermisst. Gestern hatte ich sie noch im Liegestuhl gesehen, wo sie sich sonnte. Ich ging zur Rezeption. Der Belgier telefonierte, redete lange auf Spanisch. Ich wartete, bis er den Hörer auflegte. Da liegt eine Frau, sagte ich, sie ist tot.

Er unterbrach mich, nicht harsch, eher wie um Entschuldigung bittend, er sagte, ja, die Polizei kommt gleich. Meine Frage, woran die Frau gestorben sei, beantwortete er mit einem Achselzucken. Ich ging zurück in meinen Bungalow und packte die wenigen Sachen in die Reisetasche. Wenig später kam der Bus, und ich fuhr nach Asunción zurück.

Wenn ich später hin und wieder an die Tote dachte, war es wie ein Traum. Aber das Journal bestätigt es, und auch in Asunción hatte man davon gehört. Die Deutsche Botschaft war aber nicht damit befasst worden, die Frau kam aus der Schweiz.

Eine dieser merkwürdigen Reisen, von denen man, ist man nicht Abenteuerreisender oder Kriegsberichterstatter, nur wenige im Leben macht – ich darf für mich noch zwei weitere Reisen hinzuzählen. All die anderen Reisen waren eher der vergleichbar, die ich mit meiner Frau machte, als wir abends in der Hotelbar noch ein Glas portugiesischen Rotweins tranken und früh ins Bett gingen, um morgens von dem ehemaligen Aeropuerto Stroessner nach Buenos Aires zurückzufliegen.

Raumordnung

I.
Hörsaal 164

DIESE VORLESUNG, MEINE Vorlesung hier, hat cum tempore begonnen, anders als die von Ernesto Grassi im Frühjahr 1963, von der ich glaubte, sie begänne mit dem akademischen Viertel. Ich kam zu spät. Auch hatte ich mich in den Gängen der Münchner Universität auf der Suche nach dem Hörsaal 164 verlaufen. Noch auf der Schule hatte ich von Grassi *Kunst und Mythos* gelesen und wollte ihn nun sehen und hören, eine Vorlesung über den Beginn des modernen Denkens, in der auch der neapolitanische Kulturphilosoph Giambattista Vico behandelt werden sollte.

Es war mein erster – ich hatte eben das Abitur nachgeholt – und lang ersehnter Tag an der Universität. Die Tür des Hörsaals war geschlossen, ich klopfte, ging hinein und sah den Hörsaal, in dem vielleicht sechzig, siebzig Studenten saßen, vorn am Katheder stand Grassi, eine imposante Gestalt mit einem bedeutenden kahlen Kopf und einer ebenso großen Hornbrille vor den Augen. Er unterbrach seinen Vortrag und sah mich an. Auch all die Blicke der Studenten waren auf mich gerichtet. Man hatte mir gesagt, man müsse sich als neuer Student bei dem Professor vorstellen. Ich ging nach vorn, sagte: Entschuldigen Sie bitte die Verspätung, mein Name ist Uwe Timm.

Grassi gab mir die Hand, sagte mit einer leichten Verbeugung: Mein Name ist Ernesto Grassi, nehmen Sie doch bitte Platz, und damit zeigte er auf die leere erste Reihe. Er fuhr in seinem Vortrag fort. Niemand lachte. Erst später wurde mir klar, dass die empfohlene Vorstellung nur für ein Seminar, nicht für eine Vorlesung galt.

Das war der glückliche Augenblick, der uns schützt und weit trägt, denn für mich war und blieb die Universität ein offener, freundlicher Ort, ein Ort der Freiheit, frei in der Wahl, was ich hören und lesen wollte, frei in der Wahl der Lehrer, frei in der Wahl meiner Themen. Sie war für mich dieser utopische Ort, der sie sein sollte, eine Gelehrtenrepublik. Ein Ort des freien Geistes.

Allerdings, und das war Teil meines Wissens, garantiert dieser Ort nicht per se die Freiheit des Geistes und die Verpflichtung zu einer humanen Forschung.

Noch bis vor achtzehn Jahren war der Indologe und Ahnenforscher SS-Standartenführer Walther Wüst Dekan und Rektor (von 1933 bis 1945) an der Universität München tätig gewesen. In seiner Rektoratszeit waren die Geschwister Scholl bei der Verteilung der Flugblätter gegen die Diktatur Hitlers und der Partei von dem Hausmeister Jakob Schmid gestellt und der Gestapo übergeben worden. Die Universität war der Ort einer verquasten völkischen Pseudowissenschaft geworden: Präsident der Forschungsgemeinschaft Ahnenerbe war der Reichsführer-SS, Heinrich Himmler, und Kurator war der Rektor Walther Wüst. Die Universität hatte sich zu einem Ort der Bespitzelung und der ideologischen Indoktrination entwickelt. In der großen Kuppelhalle wurde später ein Relief an der Stelle, wo Hans und Inge Scholl verhaftet worden waren, angebracht. Ein Ort, der für Mut und Widerstand steht, für das, was die Universität hätte sein sollen, Ort des freien Geistes, Ort der Freiheit. Auch Ernesto Grassi, dieser großzügige liberale Professor, war, wie ich später las, in der NSDAP gewesen. Man sprach damals nicht darüber, weil man nicht danach fragte. Das änderte sich mit der Studentenbewegung.

Mein Weg durch die Alma Mater führte mich nicht zu Giambattista Vico, sondern über den Existenzphilosophen Max Müller zu Heidegger, Aristoteles und Immanuel Kant. Die Faszination Kants lag in seinem Versuch, das Verstehen zu verstehen. In seinen vorkritischen Schriften hatte er sich noch recht gegenständlich mit der unterschiedlichen Wirksamkeit der Hände beschäftigt, dann aber in seiner *Kritik der reinen Vernunft* Raum und Zeit aus der Gegenständlichkeit gelöst und als a priori vor jede Erfahrung gesetzt: als reine Anschauung, in der Erfahrung erst möglich wird. Das war einfach staunenswert. Kant hatte sich während seiner Konstruktionsarbeit an den Kritischen Schriften auch mit großem Interesse mit Geographie und Landeskunde beschäftigt. Seine Beobachtungen der Natur lieferten allerdings kaum Beiträge zur Empirie, sondern blieben meist im Spekulativen. So vermutete er, dass die Schwalben, die jedes Frühjahr auftauchten, an den ostpreußischen Seen überwintert hatten.

Die konkrete Erfahrung des realen Raums ist individuell und historisch unterschiedlich, sie ist bestimmt durch die Möglichkeit, ihn zu durchmessen, und die Geschwindigkeit, in der wir das tun. Es ist ein Unterschied, ob man wie Luther zu Fuß und nur hin und wieder auf einem Ochsenwagen oder auf einem Esel reitend über die Alpen nach Rom pilgert oder einen Jet in München besteigt und in einer guten Stunde die Stadt erreicht. Der Unterschied bildet sich auch in der Vorstellung des Raumes ab.

Unsere Raumvorstellung ist einerseits geschrumpft durch die Einsparung von Zeit, also durch Beschleunigung, andererseits erweitert durch den medialen Zugriff, durch eine gesteigerte Abbildbarkeit. Wir wandeln durch Räume, ohne sie betreten zu müssen. Museen und Kirchen müssen heute nicht mehr mühevoll im Gedränge anderer Interessierter besucht werden. Häuserzeilen können wir im virtuellen Raum langsam, wie Spazierende, betrachten und sind inmitten der Flanierenden. Allerdings ist es eine geruchlose Erfahrung, auch das Haptische fehlt, man kann nicht stolpern und nicht in Hundekot treten. Wir sind an einem realen und zugleich imaginären Ort. Wir sind hier wie dort. Es ist unser anschauendes Bewusstsein, das uns entgegenblickt. Dem Lesen vergleichbar. Im Sessel oder auf der Bank sitzend, wandeln wir mit Leopold Bloom durch Dublin oder mit Franz Biberkopf durch das Berlin der Zwanzigerjahre. Literatur ist der ou tópos, der Nicht-Ort. Die Utopie ist der unwirkliche Ort. Und dieser Nicht-Ort hat eine Kraft, die aus seinem *Nicht* kommt, sie fragt nach dem Was, dem Wann und dem Woher. Kein Ort nirgends. Aber der Geist duldet keine Leere, wie nach Aristoteles die Natur keine Leere kennt. Interessanterweise ist die Frage nach dem absoluten Vakuum bis heute in der Physik umstritten. Sie kann naturwissenschaftlich nicht beantwortet werden, denn es ist eine Frage, die über das methodische, auf das Experiment zugerichtete Fragen hinausgeht, die Frage nach dem Sinn: Warum ist etwas und nicht vielmehr nichts?

Karl Popper würde die Frage als nicht sinnvoll gestellte, also durch Falsifikation nicht zu beantwortende ablehnen. Nur beruhigt diese streng rationale, von der naturwissenschaftlichen Methode abgeleitete Kritik nicht, denn erst darin, dass die Sinnfrage nicht durch Verifikation oder Falsifikation beantwortet werden kann, liegt die beunruhigende Kraft dieser Frage, die sich hartnäckig jedem stellt, der an Grenzen kommt, im Versagen, in der Krankheit, im Verlust und an der endgültigen Grenze des Todes.

Das gilt auch für die metaphysische Frage nach dem Sinn des Seins; warum etwas ist, also auch, warum man selbst ist, wird im Alltag durch die Zwänge der Geschäftigkeit, durch Unterhaltung und Zerstreuung verdrängt, wenn die Frage nicht Antwort im Glauben oder im Aberglauben findet. Die säkulare Welt schweigt, anders als im Mittelalter, als die hiesige Welt mit ihren Plagen und Sünden, eine Folge der Erbsünde, nur der Durchgang zu einer anderen göttlichen Welt, dem Himmelreich oder dessen Konterpart, der Hölle, war.

Der Raum des gelebten Glaubens war der sakrale Raum. Ein Raum, der im Mittelalter Zufluchtsort für Verfolgte war, wo das weltliche Gesetz seine Geltung verlor. Ein Rest dieser Tradition gilt bis heute, zumindest da, wo das Selbstverständnis der Kirche, der evangelischen wie der katholischen, noch im Bewusstsein der Pfarrer ausgeprägt ist. Wo den Flüchtlingen Kirchenasyl gewährt wird, ein Asylum, das die bayerische Regierung durch eine Staatsanwaltschaft bekämpft, in deren Büros per Erlass Kreuze hängen sollen.

Die Macht des sakralen Raums ist nicht nur in seiner Botschaft, sondern auch durch die abnehmende Zahl der Gläubigen geschrumpft. So ist auf der Mauer einer weiß gestrichenen großzügig gebauten Betonkirche ein schwarzes Graffito zu lesen: *locus vacuus*. Die Kirche wird, wenn nicht abgerissen, so doch zu einem Restaurant oder Jugendzentrum umgewandelt werden. Oder aber sie wird, wie jetzt jüngst in Hamburg geschehen, sakral umkodiert: Auf dem Turm der Karpernaum-Kirche, benannt nach dem Ort am See Genezareth, wo Jesus den Menschen vom Himmelsbrot predigte, wurde das Kreuz durch den goldenen arabischen Schriftzug »Allah« ersetzt.

II.
Grundbesitz

5 10 100 000 QUADRATKILOMETER beträgt die Fläche der Erde, davon sind etwa 149 430 000 Quadratkilometer Land. Die Begrenztheit des Bodens, dessen Endlichkeit, war Grund für Kriege, für Reichtum oder Armut, und dessen Besitznahme war für Rousseau der Beginn der Entfremdung des Menschen von seinem natürlichen Zustand, das heißt von sich selbst. Der Grundbesitz setzt die Dialektik von Freund und Feind, Herr und Knecht in Gang. Das Paradies kannte den Besitz nicht, allerdings auch nicht das Wissen, was gut und was böse, was mein und was dein ist. Könnte es sein, dass der erste mörderische Streit in der Genesis seinen Ursprung im Besitzanspruch auf Grund und Boden hatte? Der Herr des Gartens nimmt das Opfer des einen, Abel, an und verwirft das Opfer Kains. Die Auslegung sagt, der Wille des Herrn sei unerforschlich. Aber ist es nicht denkbar, dass Kain, der Bauer, dem Nomaden Abel mit seinen Schafen den Zutritt auf sein Ackerland gewaltsam verwehrte?

Der Landbesitz führt zu einem der Urkonflikte zwischen Ackerbau und Nomadentum. Verweigert der Herr aus diesem Grund, dem legitimen Besitzanspruch Abels, das Opfer Kains? Ist das wiederum die Ursache für Kains Zorn und letztlich für Abels Tod? Mit diesem Totschlag wird der Mensch in der Genesis gottähnlich, er wird Herr über Leben und Tod. Und es ist der Beginn der Herrschaft, der Mensch macht sich die Erde untertan. Das heißt auch, er teilt sie auf, und bei dieser Aufteilung gingen viele leer aus. Die alte Welt, die zu der Zeit noch keine alte war, wurde klein.

Mit der Entdeckung Amerikas, des fernen, hinter dem Atlantik liegenden unbekannten Landes, der Neuen Welt, begannen die darauf gerichteten Projektionen von unermesslichem Reichtum an Gold, Edelsteinen, an merkwürdigen, ungewöhnlichen Tieren und Fabelwesen. Es war dem Paradies ähnlich, eine Wunder- und Wunschwelt. Eine Gegenwelt. Mit dieser Neuen Welt bekamen die utopischen Erzählungen, die wie das Schlaraffenland oder Atlantis im Märchenhaften angesiedelt waren, einen realen Hintergrund. Das zuvor sagenhafte Gold konnte hier in großen Mengen gefunden werden. Die Suche danach durchzieht die Entdeckungsgeschichte von Hernán Cortés bis zu den Diggern im Alaska des 19. Jahrhunderts. Das Utopische liegt in der Bewegung selbst, das Unbekannte zu entdecken, und das schien in dieser Weite endlos zu sein. Es war das Abenteuer des Neuen, verbunden mit der Suche nach einem anderen, glücklichen Leben. Zwar flogen auch in der Neuen Welt den Menschen die gebratenen Tauben nicht in den Mund, aber es gab ein Übermaß an Möglichkeiten, an Raum, an Offenheit. Eine Art weltliches Paradies schien sich in dieser unbekannten Welt zu offenbaren. Die Präambel der amerikanischen Verfassung steht ein für das Glück der Freiheit. Das ist das utopische Versprechen in der amerikanischen Verfassung von 1787, die sich nicht auf Gott, sondern auf das Volk bezieht: *We the People,* heißt es; und in der Präambel: *and secure the Blessings of Liberty to ourselves and our Posterity.*

Der Strom der Auswanderer in den letzten Jahrhunderten wurde von diesem Wunsch nach einem Leben in Freiheit und Glück gespeist, und wie in der Genesis verweist das Versprechen auf die Nachkommenschaft. Dieses in eine religiös anmutende Sprache gesetzte Versprechen findet sich schon in der Präambel der Unabhängigkeitserklärung der Vereinigten Staaten von 1776.

We hold these truths to be self-evident, that all men are created equal, that they are endowed by their Creator with certain unalienable Rights, that among these are Life, Liberty and the pursuit of Happiness.

Die Suche nach diesem gottgefälligen Land treibt die Trecks nach Westen voran. Ein Motiv in zahlreichen Western: die Farmer auf der Suche nach dem Gelobten Land. Aber noch gibt es in dem Land das

Böse, das ausgerottet werden muss – die Indianer –, und es gibt die Outlaws. Sie bekämpft, einem Erzengel gleich, der Sheriff mit dem Stern. Noch in den trivialsten Formen von Serien und Comics sind die religiösen Bezüge zu erkennen. Das Paradies, in dem man frei ist und sein Glück machen kann, wie ein Flammenschwert schützt die Feuerwaffe den Besitz.

Ein anderes Paradies glaubten Europäer im 18. Jahrhundert in der Südsee gefunden zu haben. Wie man in den Beschreibungen von Jean-François de La Pérouse und anderen Forschungsreisenden aus der Zeit lesen kann, herrschte die Vorstellung, dass sich Schönheit und Friedfertigkeit in der paradiesischen Unschuld der Nacktheit zeigten. Hellsichtige Reisende erkannten allerdings schon damals das ungleiche, das Paradies zerstörende Tauschgeschäft: Insulaner, die den Europäern als Gastgeschenk ihre Frauen anboten und – wie auf der Osterinsel geschehen – sich dafür Glasperlen, Hüte und die Syphilis einhandelten.

Die Neue Welt in ihrer schier unermesslichen Größe bot vielen gesellschafts- und religiös-utopischen Bewegungen die Möglichkeit, ihre Vorstellungen einer idealen Gemeinschaft zu verwirklichen, so in der Amana-Gemeinde, bei den Shakern, den Amish People oder den säkularen Ikariern bis hin zu den Hippiekommunen und den heutigen kleinen ökologisch ausgerichteten Gruppen und Grüppchen in

Kalifornien. Sie sind die Widerlager zu der als schadhaft und beengend empfundenen Alten Welt. Wobei auch die Neue längst zur Alten Welt geworden ist, die jedoch nicht eng und schadhaft sein müsste. *Raum für alle hat die Erde, oder sie hätte ihn, wenn sie mit der Macht der Bedarfsdeckung statt mit der Bedarfsdeckung der Macht verwaltet wäre.* Ernst Bloch, *Das Prinzip Hoffnung.*

III.
Schafott

THOMAS MORUS' *UTOPIA*, das den Namen für viele Entwürfe friedlicher Gesellschaften geben sollte, erschien 1516, also kurz nach der Entdeckung der Neuen Welt. Der vollständige Titel lautet: *De optimo rei publicae statu deque nova insula Utopia.* Vom besten Zustand des Staates und der neuen Insel Utopia.

Der in dem Roman Raphael Hythlodaeus genannte Erzähler ist – so die auf historische Fakten eingehende Fiktion – mit Amerigo Vespucci in die Karibik gereist, hat die Insel Utopia erreicht und dort mehrere Jahre gelebt. Eine feine Ironie liegt in der Bedeutung des griechischen Namens Hythlodaeus, der mit Schwätzer zu übersetzen wäre. Der romanhaften Erzählung ist eine Vorrede vorangestellt, in der die zeitgenössischen gesellschaftlichen Verhältnisse speziell in England kritisiert werden, davon hebt sich umso deutlicher der folgende Bericht von dem idealen Staat Utopia ab.

Der Erzählung nach wurde Utopia tausendzweihundert Jahre vor der geschilderten Zeit besiedelt. Widrige Winde hatten griechische Schiffe an Land getrieben. Die Schiffbrüchigen müssen die Politeía von Platon an Bord gehabt haben, denn etliche Vorstellungen Platons sind in die Staatsverfassung dieser Gesellschaft eingegangen: eine patriarchalische Hierarchie, in der die Alten die Jungen, die älteren Kinder die jüngeren anleiten. Es herrscht Gütergemeinschaft. Hochzeiten werden nach eugenischen Gesichtspunkten vollzogen. Neben der Schulpflicht besteht auch die Pflicht zur Arbeit, die allerdings nicht länger als sechs Stunden täglich dauern soll. Begabte Kinder erhalten eine künstlerische oder wissenschaftliche Ausbildung, und Männer und Frauen werden gleichermaßen im Kriegsdienst geschult. Es herrscht religiöse Toleranz. Die Regierung wird auf ein Jahr gewählt, wobei jeder eine Stimme hat. Jedoch – und das zieht sich durch alle folgenden utopischen Entwürfe bis Ende des 19. Jahrhunderts – dürfen Frauen nicht oder nur begrenzt mitwählen. Zwei verschiedene Kammern, ein Unter- und ein Oberhaus, regeln das Zusammenleben. Die gewählte Exekutive bestimmt wiederum einen Fürsten auf Lebenszeit – den weisen Herrscher. Das kann und muss wie ein Appell an den englischen König Heinrich VIII. gelesen werden, dessen Herrschaft 1509 durchaus hoffnungsvoll begann. In seinen Diensten war Thomas Morus Ratgeber, sogar Lordkanzler. Er wurde allerdings später, am 6. Juli 1535, als er sich gegen den Abfall des Königs von der Papstkirche wandte, auf dessen Befehl geköpft. Die Heiligsprechung des Thomas Morus wurde im Jahr 1935 denn auch als ein Zeichen gegen die damaligen totalitären, antichristlichen Regierungen von Sowjetunion und von Nazideutschland verstanden.

Die literarische Qualität *Utopias* liegt in der Spannung zwischen dem Seemannsgarn – Ernst Bloch nennt es ein *Schiffermärchen* – und der um Beglaubigung heischenden kleinteiligen Beschreibung dieses idealen Staats: Aufbau der Exekutive, Kriegskunst, Landwirtschaft, Medizin und vieles mehr, eine alles umfassende Inventur des gesellschaftlichen Zusammenlebens, bis hin zur Schwingtür.

Es gibt kein Haus, das nicht sowohl eine Türe zur Straße als auch eine Hintertüre zum Garten hin hätte. Diese zweiflügeligen Türen lassen sich mit einem leichten Ziehen öffnen, schließen dann von selbst wieder und lassen jeden ein, gibt es doch keinerlei Privatbesitz.

Eine Gesellschaft, die nach einem streng rationalen Muster entworfen ist. Der Mensch, den Thomas Morus in der Utopie entwirft, ist nicht der durch den Sündenfall schuldbehaftete. Die Menschen sind in ihrem Naturzustand nicht durch den Kampf aller gegen alle bestimmt, wie Thomas Hobbes sie in *De cive* von 1642 versteht, sondern von Natur aus gesellig und hilfreich. *Nun ermuntert aber die Natur die Sterblichen zu gegenseitiger Unterstützung, damit auch alle ein fröhlicheres Leben führen können.* Die Grundannahme eines von Natur aus gegebenen Mitgefühls mit der daraus folgenden gegenseitigen Hilfe, heute würden wir Solidarität sagen, zieht sich durch alle utopischen Theorien, bis hin zu Kropotkins *Gegenseitige Hilfe in der Tier- und Menschenwelt* (dt. 1902).

Thomas Morus erzählt *Utopia* aus der reflektierenden Distanz, zu seinem Erzählen gehört ein feines Maß an Humor. Er lässt diesen Hythlodaeus nicht nur die Werke des Aristoteles und Platon mitbringen, sondern auch das Buch über die Natur von Theophrast. Das hat bei der Überfahrt Schaden genommen. Eine Meerkatze *hat voller Mutwillen ihr Spiel damit getrieben und bald hier, bald dort einige Seiten herausgerissen und zerfetzt.* Der Affe hat sich also nicht für die Metaphysik, sondern für die Pflanzenkunde interessiert. Vielleicht eine ironische

Anspielung von Thomas Morus auf das eigene weit mehr auf Empirie als auf transzendente Spekulation gerichtete Interesse.

Diese Distanz, dieser Humor, dieses Sich-infrage-Stellen, unterscheidet Thomas Morus von den Verfassern späterer Utopien, insbesondere von dem recht humorlosen Étienne Cabet mit seiner *Reise nach Ikarien*. Morus soll sich seinen Witz auch dann bewahrt haben, als er den Kopf auf den Block legen musste. Er bat den Scharfrichter, seinen Bart zu schonen, denn der sei unschuldig.

Wie lebt es sich im idealen Staat Utopia?

Die Utopier leben in Städten und auf dem Land. Vierundfünfzig Städte zählt die Insel. Zwanzig von hundert Landbewohnern, also den Bauern, werden jährlich mit ebenso vielen Stadtbewohnern ausgetauscht, *damit keiner dieses recht strenge Leben zu lange gegen seinen Willen leben muss ...* Wer möchte, kann auf dem Land bleiben. Ob jemand aber auch in der Stadt bleiben darf, der nicht aufs Land will, führt Thomas Morus nicht aus. In den Städten wohnen die Handwerker und Gelehrten; die sozialen Schichten sind durchlässig. Gearbeitet wird – und das ist eine durchaus zeitgemäße Überlegung – nur wenig mehr als unbedingt nötig. Dieses Wenig-Mehr ist eine Rücklage für prekäre Zeiten. Im Staate Utopia gibt es, ganz selbstverständlich, Sklaven. Auf dem Land stehen jeder Familie zwei zu Diensten. Sie verrichten alle schmutzigen Arbeiten, beispielsweise das Schlachten der Tiere. Die Bewohner sind keine Vegetarier, aber doch derart in ihrer Lebensweise verfeinert, dass ihre empfindsamen Seelen durch das Schlachten und Ausweiden der Tiere verstört würden. In den Nachbarstaaten zum Tode Verurteilte werden von den Utopiern gekauft und müssen bei ihnen als Sklaven arbeiten. Auch freie Bürger können zu Sklaven gemacht werden. Da es kein Geld, also auch keinen Unterschleif, keine Schulden, keine Zinsen, gibt, rekrutieren sich die einheimischen Sklaven vornehmlich aus jenen, die gegen die Gesetze des idealen Staates verstoßen haben. Der Gedanke an die Arbeitslager der Sowjetunion liegt recht nahe. Ein sicherer Zufluss an Arbeitssklaven ist wohl durch die Ehebrecher gewährleistet, denn der Ehebruch wird mit Sklaverei und bei Wiederholung sogar mit dem Tod bestraft. Das ist erstaunlich, da Thomas Morus sich im Ersten Buch der *Utopia* gegen die Todesstrafe in Fällen von Diebstahl und anderen Kriminaldelikten ausspricht. Warum also diese drakonische Strafe?

Ein zentrales Problem für alle nach Gerechtigkeit und Harmonie ausgerichteten Staatsutopien sind die Leidenschaften. Die vorgeschriebenen Verhaltensnormen, die genauen Vorgaben, die das Zusammenleben regeln, sind rationale Konstrukte, die letztlich die störenden, höchst vitalen Eigenschaften wie Lust, Neid, Hass sanktionieren und unterbinden sollen.

Die Moral des utopischen Staats wird von dem Ziel bestimmt, ein gerechtes, friedliches Zusammenleben zu schaffen, in dem alle Religionen ihren Platz haben.

Zwei Dinge erfüllen das Gemüth mit immer neuer und zunehmender Bewunderung und Ehrfurcht, je öfter und anhaltender sich das Nachdenken damit beschäftigt: Der bestirnte Himmel über mir, und das moralische Gesetz in mir. Beide darf ich nicht als in Dunkelheit verhüllt, oder im Überschwenglichen, außer meinem Gesichtskreise, suchen und blos vermuthen; ich sehe sie vor mir und verknüpfe sie unmittelbar mit Bewußtsein meiner Existenz.

Dieses geläufige, meist nur verknappt wiedergegebene Zitat aus Kants *Kritik der praktischen Vernunft* bündelt die Richtlinien des sittlichen Handelns, das gleichermaßen wach erhalten werden muss, aber nicht überdehnt werden darf. Das moralische Gesetz korreliert in seiner Gültigkeit mit dem kosmisch objektiven Gesetz.

Die moderne Neurowissenschaft glaubt in den Spiegelneuronen eine Erklärung für das soziale Verhalten, *für das Gesetz in mir,* gefunden zu haben: die Fähigkeit, sich im anderen und den anderen in sich zu erkennen. Daraus resultiert der für Kinder einfach formulierte moralische Merksatz: Was du nicht willst, dass man dir tu', das füg auch keinem andern zu. Allerdings reicht die Unmittelbarkeit der Spiegelneuronen nicht bis in die Verhältnisse der Slums in Lagos oder São Paulo und muss daher – das wäre der universelle Bezug – im Sinne Kants durch den rationalen Diskurs erweitert werden, muss vom Mitleid in ein verantwortliches Handeln überführt werden.

Zum moralisch verantwortlichen Handeln gehört auch der planende Vorlauf in eine erwartbare Zukunft. Die utopischen Konzepte von Thomas Morus über Étienne Cabet bis hin zu den Vorgaben des Gosplans im Sozialismus sind zumeist mit einer Genauigkeit ausformuliert, dass sie, wie Kant sagen würde, nicht das Erwartbare, sondern nur das Erstrebte betreffen. Die normativen Entwürfe werden dann zu Zwangsjacken der Gesellschaftsplanung.

Dem Einzelnen weist Thomas Morus sein Glück in einem festen Regelwerk zu. Eine vom Staat überwachte gesellschaftliche Harmonie. Das Ungewöhnliche, Zufällige, Ekstatische, Anarchische, auch Spielerische, all das hat in dem rationalen Staat Utopia keinen Platz. Und das, obwohl die Antike, an der sich Morus orientiert, mit Saturnalien und Bacchanalien Feste zur Feier des Triebes und einer damit verbundenen gesellschaftlichen Inklusion kannte. Das beschriebene geordnete Zusammenleben in Utopia erscheint dagegen eher fad und eintönig. Thomas Morus hat das vermutlich selbst bemerkt und lässt seinen plaudernden Seebären betonen, dass die Gesellschaft keine weiteren Anreize als Musik und Gesang brauche. Dieser behaupteten Harmonie widerspricht die Todesstrafe für den wiederholten Ehebruch. Das geordnete, friedliche Zusammenleben wird in der Sexualität mit einer anarchischen Wucht durchbrochen. Die Ordnung der Gesellschaft wird durch die Liebenden infrage gestellt. Bezeichnenderweise findet die Dichtung, deren Grundthema die konfliktreiche Absonderung von der Gesellschaft ist, in dem Staat Utopia nur einen begrenzten Platz in der Unterhaltung. Schon Platon hatte die Dichtung als die von den Sinnen geleitete und für sie bestimmte Form aus der Politeía verbannt.

Dichtung bewegt sich in einem nicht überprüfbaren Raum, sie stellt Fragen, reizt das Gemüt, richtet sich an die Emotionen. Sie kann das Große klein und das Kleine groß machen. Dichtung kann das ideologisch Utopische in das Komische, in das Groteske, ins widerständig Allgemeinmenschliche verschieben. Sie trägt in sich eine Gegenwelt.

In *Utopia* wird die klassische griechische und lateinische Literatur von Neuankömmlingen aus der Alten Welt mitgebracht. Begierig werden die Utopier zu Lesern und erweitern damit in der Neuen Welt den Kreis der Humanisten, zu denen Thomas Morus gehörte, der mit Erasmus von Rotterdam in Briefkontakt stand. Allerdings entsteht in dem egalitären, durchrationalisierten Zusammenleben keine eigene Dichtung. Woher sollte sie in der beschriebenen verordneten Harmonie, in der widerspruchslosen Statik der utopischen Gesellschaft, ihre Widerständigkeit und Bedeutung nehmen? Denkbar wäre eine Samisdat-Literatur der Ehebrecher, also eine des Begehrens. Sie könnte die geschichtliche Dialektik wieder in Gang setzen und das Ende der Geschichte Utopias sein.

Utopia hat nicht nur einer literarischen Gattung ihren Namen gegeben, mit diesem Roman wurde ein ästhetischer Möglichkeitsraum für gemeinschaftliches Glück, Liebe, Sättigung und gegenseitige Hilfe entworfen. Dieser Entwurf hat nichts von seiner Anziehungskraft verloren: die Forderung nach einem Leben in Frieden, Glück und Gleichheit. Bei Morus finden sich bis heute gültige politische Forderungen ausformuliert: eine effiziente menschenfreundliche Verwaltung, keine Korruption, gesunde Ernährung, nachhaltige Ökonomie, kein Luxuskonsum, Ächtung von Krieg und Gewalt, eine auf das Notwendige begrenzte Arbeitszeit von täglich sechs Stunden – und auch das: eine beratende, allerdings dem Nützlichkeitsdenken verpflichtete Sterbehilfe.

Die Gesellschaft, das ist der Kern des Buchs *Uto-pia,* ist weder eine göttlich gewollte, noch unterliegt sie den Gesetzen der Natur, sie wird von den Menschen selbst gestaltet. Dies ins Bewusstsein zu heben, mit Beispielen zu belegen und als Ziel der Veränderung ein Minimum an Arbeit und Staat, ein Maximum an Freude zu benennen, ist die Leistung von Thomas Morus.

IV.
Inseln

DER UTOPISCHE TOPOS der Insel als Ort des Friedens und der Abwesenheit von Leid und Hunger zieht sich seit der Antike durch das abendländische Denken – wie die Insel als dystopischer Ort der Strafe, der Verbannung, von St. Helena, Jaros, Robben Island bis hin zu Alcatraz. Die elysischen Felder hingegen, die campi Elysii, zu denen die Helden, denen die Götter Unsterblichkeit schenkten, entrückt wurden, lagen, so die Vorstellung, vom Okeanos umflossen im Westen. Vermutlich die Kanarischen Inseln – das heutige Rentnerparadies.

Wo der Ort Utopia noch keine Insel ist, wie bei

Thomas Morus, wird von der Bevölkerung ein Durchstich gegraben, damit er zur Insel wird.

Die Insel als Ort des Friedens bietet jene Distanz und Abgeschiedenheit, die es erlaubt, einen Gegenentwurf zur unvollkommenen Wirklichkeit auf sie zu projizieren, ihre Abgeschlossenheit, oft auch Ferne, wird zum Garanten eines von außen nicht störbaren friedlichen Zusammenlebens oder der inneren Einkehr und Gottsuche. Heute ein Sehnsuchtsort, der in der Realität immer wieder von der Alltagswelt eingeholt wird: drei Wochen Ferien am Ballermann mit Sonnenbrand. Ein Konsum-Bacchanal. Dazu kontrastiert der Rückzug aus der von Konkurrenz und Profit bestimmten Gesellschaft in die Abgeschiedenheit, wie sie Hippies auf Gomera und Ibiza im alternativen Zusammenleben gesucht haben. Diese Flucht aus der Gesellschaft in eine von der Zivilisation unberührte Natur setzt schon früh in der jüngeren Neuzeit ein, allerdings in der erzwungenen Form des Schiffbruchs. Mit dem 1719 entstandenen *Robinson Crusoe* von Daniel Defoe nimmt, neben *Don Quijote*, der moderne Roman als literarische Gattung seinen Anfang in der Weltliteratur. Der Anglist Robert Weimann hat in seinem Buch *Phantasie und Nachahmung* die epochale Bedeutung des Romans *Robinson Crusoe* herausgearbeitet.

Vielleicht rührt die erstaunliche Leistung dieses

Werkes gerade aus seiner strukturellen Spannung von Erfahrung und Utopie. Abbild der Wirklichkeit und Entwurf des Möglichen, Wissen um die objektive gesellschaftliche Gegebenheit und Ahnung um die subjektive Potenz natürlicher Tätigkeit – eben aus dem prosaisch-utopischen Zusammenfall von bürgerlicher Wirklichkeit und menschheitlicher Utopie.

Die Handlung des Romans, bis heute in über 1000 Auflagen verbreitet, ist bekannt. Ein Schiffbruch verschlägt Robinson auf eine entlegene Insel. Er muss sich den Ackerbau, das Halten von Tieren, die Zubereitung von Gerichten, das Nähen der Kleidung selbst erarbeiten. Im Zeitraffer durchläuft Robinson den Zivilisationsprozess und wird mit Kannibalen, dem Inbegriff der Wilden, konfrontiert. Aus diesem imaginierten Schreckensbild leiteten die Europäer ihr moralisches Recht zur Kolonisation ab, also zur Unterdrückung und Ausbeutung indigener Völker. Robinson, der sich in der Einsamkeit und dank einer auf dem Schiffswrack gefundenen Bibel zu einem gottesfürchtigen Menschen wandelt, rettet einen »Wilden« vor dem Gefressenwerden und nennt ihn nach dem Tag ihrer Begegnung Freitag. Freitag wird missioniert und zivilisiert. Das erste englische Wort, das er lernt, ist *master*, erst dann folgen *yes* und *no*.

Robinson ist, schreibt Weimann, *in einem Wort,*

der tatkräftige Bürger und der fromme Puritaner: Er führt nicht nur (solange die Tinte reicht) ein Tagebuch, worin er – wie »Schuldner und Gläubiger« – das Soll und Haben seiner seelischen Buchführung genau bilanziert, sondern er handelt auch entschlossen und gewinnreich. Er hat wenig Sinn für die Schönheit der tropischen Natur, wohl aber für ihre Produktivität und die klimatischen Eigenarten. Er ist ein Muster ökonomischer Tatkraft und Voraussicht. (...) Er ist nicht das Opfer, sondern der triumphale Überwinder seines Schicksals.

Doch in einem wesentlichen Punkt weicht die Fiktion von der Wirklichkeit ab. Das Vorbild Robinsons war der schottische Matrose Alexander Selkirk, der nach einem Streit mit dem Kapitän 1704 auf der unbewohnten Insel *Más a Tierra* ausgesetzt und nach vier Jahren von einem englischen Schiff entdeckt und aufgenommen wurde. Im Gegensatz zu dem auch nach achtundzwanzig Jahren der Einsamkeit munter plaudernden, Freitag im Englischen unterrichtenden Robinson konnte Alexander Selkirk bei seiner Auffindung kaum noch sprechen. Die Abgesondertheit und die Utopie der radikalen Naturnähe führten zurück in die Sprachlosigkeit. Dagegen half auch nicht die Bibel, die der Kapitän Alexander Selkirk überlassen hatte – ein Vorgriff auf die gängige Frage nach dem einen Buch für die einsame Insel. Die wirkliche Robinson-Insel *Más a tierra* ist als Wildnis ein Ort, der von seiner späteren Verklärung weit entfernt ist.

Im Gefolge Defoes sind zahlreiche literarische Robinsonaden entstanden. Eine Verbindung des Abenteuergenres mit der Beschreibung einer utopischen Gemeinschaft auf einer Südseeinsel hat Johann Gottfried Schnabel in *Wunderliche Fata einiger Seefahrer* geleistet. Die vier Bände, zwischen 1731 und 1743 erschienen, wurden von Ludwig Tieck bearbeitet und gekürzt und 1828 unter dem Titel *Insel Felsenburg* herausgegeben.

Etliche Erzählungen von abenteuerlichen Strandungen, Schiffbrüchigen und einsamen Inseln hat vermutlich, weil so fern dem Meer – Österreich hervorgebracht, wobei den alpenländisch Gestrandeten als begleitende Eingeborene – anstelle Freitags – eine Frau an die Seite gegeben wurde. Die mitteleuropäische Sehnsucht nach Ferne und Abenteuer: *Der steirische Robinson* 1793, *Robinson aus Böhmen* 1796, *Robinson der Ober-Österreicher* 1802.

Das Motiv der Insel ist ebenfalls Gegenstand des Romans *Die Gelehrtenrepublik* von Arno Schmidt. Im ersten Teil des Romans wird eine dystopische Welt nach einem Atomkrieg beschrieben. Europa ist verschwunden. In den Vereinigten Staaten gibt es ein durch eine Mauer abgetrenntes Reservat, in dem Mutanten leben.

Im zweiten Teil des Romans lässt Arno Schmidt eine aus Stahl gebaute Idealstadt in den milden Rossbreiten des Pazifiks schwimmen. Achthundert hoch qualifizierte Wissenschaftler, Künstler und Schriftsteller leben dort mit einem großen, ihnen zuarbeitenden und dienenden Personal. Allerdings herrscht, es kann bei Arno Schmidt nicht anders sein, ein massiver Arbeitszwang. Wer nach zwei Jahren keine Hochleistung in seinem Fach vorzuweisen hat, wird von dieser Stahlinsel der Glückseligen verwiesen.

Aus der Ferne erinnert es an die Gottbegnadeten, von Hitler persönlich berufen, die vor Bomben und Krieg auch im Untergang des Nazireichs unbedingt zu schützen waren. Die faschistische Utopie ruhte auf Zucht und Züchtigung, hierarchisch durch all die Abzeichen, Orden, Litzen, Uniformen gegliedert, deren äußerste Distinktion der Übermensch war. Kann man den Roman *Die Gelehrtenrepublik* als eine getarnte Kritik an dieser heroischen Leistungsutopie lesen, oder liegt subkutan eine bei Schmidt oft auftauchende ungebrochene Bewunderung der großen Geister vor, denen er sich selbst zurechnete?

In jüngster Zeit findet sich das Inselmotiv in Christian Krachts *Imperium* und in dem Roman von Lutz Seiler, der die Anspielung schon im Titel trägt: *Kruso*. Der Roman versammelt auf der Insel Hiddensee ein Personal der Unangepassten, Widerständigen, die in dem dystopischen Staatssozialismus eine kleine utopische Gegengesellschaft bilden. Von der Insel, bewacht durch DDR-Grenztruppen, werden immer wieder – meist tödlich endende – Fluchtversuche über das Meer nach Westen unternommen. Von der höchsten Erhebung der Insel ist nachts in weiter Ferne das Leuchtfeuer von Dänemark zu sehen. Nahe liegt die Assoziation zur Freiheitsstatue.

V.

Reise nach Ikarien

THOMAS MORUS' *UTOPIA* ist der literarische Entwurf für eine geordnete, vernünftige Gesellschaft, ein Denkmodell, das nicht auf unmittelbare Verwirklichung drängt. Anders der gut dreihundert Jahre später erschienene Roman *Reise nach Ikarien (Voyage en Icarie)* des französischen Revolutionärs und Sozialisten Étienne Cabet. 1840 erschienen, hatte das Buch im Frankreich des Bürgerkönigs Louis Philippe einen gewaltigen Erfolg.

In der Tradition Utopias führt Étienne Cabet einen Reisenden, einen Lord, als Berichterstatter ein, der von der Insel Ikarien berichtet. Kurz vor Ankunft des

Lords hat es eine Revolution gegeben. Eine kommunistische Gesellschaft ist gegründet worden; in ihr gehören die Produktionsmittel der Allgemeinheit. Die Mitglieder leben in harmonischer Weise zusammen. Cabet beschreibt in seinem Roman mit einem revolutionär prophetischen Furor eine durch den technischen Fortschritt bestimmte kommunistische Gesellschaft.

(...) daß gerade durch dies schlichte Feuer und das einfache Wasser die Aristokratie in die Luft gesprengt und in die Erde geschmettert werden wird. Da haben Sie die alten vier Elemente. Ja, der Dampf ist, möchte ich sagen, ein fünftes Element, und nicht unwichtiger als jene, denn er schafft die Welt der Zukunft, er scheidet unsere Gegenwart von der Vergangenheit.

Étienne Cabet hat früh, schon vor Mitte des 19. Jahrhunderts, die gewaltige Produktivitätssteigerung durch den Einsatz der Maschinen und durch die Arbeitsteilung der industriellen Produktion erkannt und daraus gefolgert, die Arbeitszeit könne und müsse reduziert werden. Seine Theorie verweist aber auch schon auf den zentralen kapitalistischen Widerspruch zwischen der Überproduktion von Gütern und der Begrenztheit der natürlichen Ressourcen. Dieser Prozess sollte auf das vernünftig Notwendige reduziert werden. Es sollte nur so viel wie erforderlich produziert werden. Marx hat Cabets Ikarien als

Gartenlaube verspottet, weil der gute Wille nichts gegen die Logik des Kapitals und dessen Gesetzmäßigkeit ausrichten könne. Zwangsläufig müsse diese kommunistische Insel mit ihrer kapitalistischen Umgebung in Konkurrenz treten und würde nach deren Logik absorbiert.

Die von Cabets Idee ausgehende Faszination war, dass die Gründung der idealen Gesellschaft sofort in Angriff genommen werden sollte. Kein Warten auf den Kommunismus in ferner Zukunft wie in der marxschen Theorie, sondern hier und jetzt sollte die erste ikarische Gemeinschaft in Nordamerika entstehen. Cabet hoffte, ihre Strahlkraft würde bald zu immer neuen Gründungen führen und die Gesellschaft derart verändern, dass in Amerika ein ikarischer Bundesstaat entstehen könnte. In sein Programm hat Ètienne Cabet erstmals den politischen Begriff *communiste* eingeführt, der später von Heinrich Heine ins Deutsche übertragen wurde.

Der in dem Roman beschriebene Zukunftsstaat sollte der organisierten Industrie entspringen und war ausgedacht, wie Ernst Bloch schreibt, *mit aller Eleganz und Präzision des Dezimalsystems.* Eine mathematisch ausgeklügelte Ordnung – Cabet war von der Philosophie Descartes' beeinflusst – sollte alles bis in den Alltag der Ikarier hinein exakt regeln.

Ein weiser Diktator schafft das durchrationalisierte

Gesellschaftssystem mit den Bedingungen von Gerechtigkeit, gegenseitiger Hilfe, ewigem Fortschritt etc., dessen Manifest Cabet auch im Druck wie einen auf einer seiner Ecken stehenden Rhombus setzen ließ. Seine Spitze steht auf den das Fundament bildenden Worten *Gemeinsames Glück*.

Dieser durchrationalisierte Staat ist in hundert Provinzen aufgeteilt, die, was Fläche und Einwohnerzahl angeht, in etwa gleich groß sind, jede Provinz wiederum zählt zehn Kommunen, die von der gewählten Gérance verwaltet werden. Ein Industriekomitee setzt die Zahl und Art der Güter fest, die produziert werden sollen, sodass es zu keiner Überproduktion und damit nicht zu Krisen wie im Kapitalismus kommen kann. Verschwendung soll verhindert und die Ressourcen sollen geschont werden. Ein bis heute hochaktueller und ungelöster Widerspruch im Kapitalismus. Die Hauptstadt *Icara* ist planvoll angelegt, rechtwinklige saubere Straßen durchziehen sie an einem begradigten Fluss, in dem eine kreisförmige Insel liegt. Die Mitglieder versammeln sich zu gemeinsamem Essen, ihnen stehen kostenlos Schulen, Theater, Bibliotheken und Krankenstationen zur Verfügung. Ein Regelwerk kultureller Bildung soll die geistigen Fähigkeiten der Ikarier steigern. Die Partnerwahl soll nach dem Gesichtspunkt der Gesundheit erfolgen – ein Vorgriff auf die spätere Eugenik – und zu gesunden Nachkommen führen. Ähnlich wie im Staat Utopia ist eheliche Treue höchstes Gesetz. Bei Trennungen muss der schuldige Teil, müssen auch schwangere Frauen die Kommune verlassen. Frauen dürfen zwar mitreden, aber nur begrenzt mitwählen, dafür sind sie zu Sittsamkeit und Fleiß berufen. Die Männer haben rücksichtsvoll, arbeitsam, tapfer und edel zu sein. Ein strenger Verhaltenskodex regelt alles.

Zusätzlich schrieb Cabet in zwölf – man beachte die Zahl – Briefen die moralischen Verhaltensweisen fest: *Die neue Sittenverbesserung durch die ikarische Gemeinschaft.*

Wer dagegen verstieß, sollte aus dem ikarischen Paradies verstoßen werden. Mehr als vierhunderttausend Interessenten, darunter viele Arbeiter und Akademiker, hatten sich für die Auswanderung gemeldet. Etliche hatten ihr Vermögen veräußert, ihre Karrieren abgebrochen, um an diesem utopischen Projekt teilzunehmen. Die Zeit des Bürgerkönigs Louis Philippe, geprägt durch die beginnende Industrialisierung und damit durch einen extrem wirtschaftlichen Aufschwung, verzeichnete zugleich das Aufkommen eines Prekariats und die fortschreitende Spaltung zwischen Arm und Reich. Der wachsende Reichtum der bürgerlichen Schicht, die dem zynischen Motto *Enrichissez-vous* (Bereichert euch) folgte, verbunden mit einer die Regierung erfassenden Korruption und einer schamlosen Zurschaustellung des Reichtums führten in der Gesellschaft zu sozialen Spannungen. Ikarien sollte eine Gegengesellschaft sein, in der nicht Konkurrenz herrschte, sondern gegenseitige Hilfe, in der nicht die Bereicherung, sondern die Entfaltung sozialer Verhaltenskodizes im Mittelpunkt stehen sollte. 1848 kam es in Frankreich zur Revolution. Der Bürgerkönig wurde abgesetzt und die zweite Republik ausgerufen. Die Bewegung der Ikarier, der Auswanderungswilligen, schrumpfte daraufhin zusammen. Dennoch wollte Cabet seine Utopie verwirklichen und erließ 1848 einen Aufruf: *Allons en Icarie*. Neunundsechzig Siedler schifften sich nach New Orleans ein, um von dort nach Texas zu reisen und auf einem gekauften Stück Land unter großen Mühen die Kolonie zu gründen. Nach Rückschlägen, Krankheiten, Betrugsfällen der Landgesellschaften zogen sie weiter und ließen sich schließlich in Illinois nieder. Die Kolonie, zu der dann auch Étienne Cabet stieß, zählte 1855 auf ihrem Höhepunkt fünfhundertsechsundzwanzig Mitglieder.

Diese große Idee Cabets, der Traum eines friedlichen, auf gegenseitiger Hilfe beruhenden Zusammenlebens ohne Privateigentum in einer Gemeinschaft ohne Konkurrenz, fand nach verschiedenen Umzügen in Nauvoo im Staate Illinois ein tragisches Ende, das sich jedoch durch eine geradezu molièrehafte Komik auszeichnete. Der Sozialist Heinrich Lux hat es beschrieben. Er hatte mit dem späteren Arzt und Eugeniker Alfred Ploetz, den Brüdern Gerhart und Carl Hauptmann und dem Studenten der Elektrotechnik und späteren Erfinder Proteus Steinmetz in Breslau eine Ikariergruppe mit dem Namen *Pacific* gegründet. Ploetz hatte die Kommune im Jahr 1884 in Nauvoo besucht und den Genossen in Breslau vom desolaten Zustand der Ikarier berichtet. Keiner strahlenden Gesellschaft, die den neuen Menschen hervorgebracht hatte, sondern einer eher beschwerlich lebenden, bäuerlichen Kommune ohne gesellschaftsutopischen Anspruch.

Die Kommune der Ikarier, schreibt Heinrich Lux in seinem Buch *Etienne Cabet und der Ikarische Kommunismus,* hatte sich im Frühjahr über demokratische Entscheidungsfragen in zwei Gruppen zerstritten und sich dabei in Abstimmungs- und Entscheidungsformalitäten verstrickt. Cabet, nun schon im fortgeschrittenen Alter und zunehmend herrschsüchtig geworden, machte den Vorschlag, die beiden Gruppen zu trennen.

Der eine Theil sollte in Nauvoo bleiben, der andere sich nach Jowa begeben, das Vermögen sollte gleichmäßig vertheilt werden. Das Verlangen war alles eher denn demokratisch, wäre der demokratische Gedanke Cabet in Fleisch und Blut übergegangen gewe-

sen, so hätte er die Minorität auffordern müssen, sich der Majorität zu fügen, anstatt dessen aber erklärte er der Majorität, daß er zu ihr weder Zuneigung, noch Vertrauen, noch selbst Achtung habe, weil sie ihm, dem Gründer Ikariens, den Krieg erklärt hätte. Und gleichzeitig spielte er den Trumpf aus: »Wenn Ihr nicht wollt, wie ich es Euch vorschlage, so werden wir schon sehen! Vergeßt nicht, daß nach dem amerikanischen Gesetz und dem Inkorporationsakt ich es bin, der für die Kolonie zeichnet und ihr Generalbevollmächtigter bin.«

Die Minderheit hatte sich in Gegensatz zu der Verfassung gesetzt und die Mehrheit sollte ihr nachgeben! Das Verlangen war zu absurd, als daß es hätte erfüllt werden können. – Aber eine Versöhnung war nicht mehr möglich. Flugschriften flogen hinüber und herüber, in welchen jede Partei an die ganze Menschheit appelirte – die sich übrigens herzlich wenig um diesen Sturm im Glase Wasser bekümmerte – und der Bruch wurde vollständig, als am 4. August anläßlich der Ergänzungswahlen zum geschäftsführenden Ausschuß Cabet und die Minorität eine empfindliche Niederlage erlitten. Drei Mitglieder der Opposition wurden neu gewählt. Die Minorität und Cabet erkannten die Wahl nicht an und die alten Mitglieder der Gérance weigerten sich, ihr Amt niederzulegen. Die Minorität besetzte die Druckerei und die

Haupträume der Gérance, die Treppen und die Woh-
nung Cabets. Die Majorität versuchte die Räume der
Gérance zu stürmen; zunächst eroberten sie nur die
Küche und versuchte die Minorität, welche die Arbeit
eingestellt hatte, durch knappe Rationen zur Raison
zu bringen. Auch die Erstürmung der Mädchenschule
hat noch ein humoristisches Gepräge; man zwang die
Lehrerin, die inmitten ihrer Kleinen schlief, zum Auf-
stehen, indem man ihr die Decken und die Unterlage
wegzog, und setzte sie dann, etwas unsanft allerdings,
an die Luft. Der Friedensrichter erschien und interve-
nierte zu Gunsten der gewohnten Schlafstelle der Leh-
rerin, aber umsonst. Am 22. August endlich gab die
Minorität einige Werkstätten auf und zog sich in ein
besonderes Haus zurück. Beide Parteien organisierten
Patrouillen, um sich gegenseitig zu überwachen, und
wiederholt mussten die Behörden einschreiten, um
Blutvergießen zu vermeiden. – Eine Versöhnung wäre
noch immerhin möglich gewesen, wenn nicht Cabet
nunmehr rücksichtslos gegen die Majorität, d. h. gegen
den Fortbestand der ganzen Kolonie konspiriert hätte.
Er hatte den Ikariern in Iowa gerathen, die dortige
Kolonie zu verlassen, die Ernten, den Viehbestand auf-
zugeben und damit eventuell den Besitztitel auf die
dortigen Staatsländereien »wegen Nichtausübung des
Eigenthumsrechtes« in Frage zu stellen; bei der Sezes-
sion der Minorität hatte er gleichzeitig nicht blos die

Medikamente, Musikinstrumente, einige Werkzeuge, Bettzeug etc. mit sich genommen, sondern gleichzeitig auch die Bücher und Urkunden der Kolonie bei Seite geschafft. Indem er so durch das einfachste Manöver der Kolonie eine Schuldenlast von mehr als hunderttausend Francs aufhalste, suchte er ihren finanziellen Bankrott herbeizuführen, und die Versuche, die Gläubiger der Kolonie kopfscheu zu machen, wären nur zu sehr geeignet gewesen, den Zusammenbruch zu beschleunigen. Ferner machte er beim Staatsgerichtshof einen Prozeß gegen die Kolonie anhängig, was sich jedoch als erfolglos erwies.

Am 27. September wurde Cabet von der Mehrheit der Ikarier ausgeschlossen. Die Minorität verließ die Kommune. Als Letzter ging Étienne Cabet am 1. November nach St. Louis, von dort aus wollte er mit den wenigen konservativen, ihm ergebenen ikarischen Hardlinern eine neue Siedlung begründen, starb allerdings eine Woche später, am 8. November 1856, an einem Schlaganfall.

Der Sozialist und frühere Ikarier Heinrich Lux schreibt: *Der härteste Schlag, der einen Menschen treffen kann, der das Höchste, das Edelste gewollt und sich nur in den Mitteln vergriffen, in der Kraft seiner eigenen Person getäuscht hatte, brach die Kraft seines Lebens.*

Die Kolonie scheiterte nicht an fehlender ökonomi-

scher Effizienz, vielmehr an den inneren, meist klein-
lichen, um Macht und Geltung kreisenden Konflik-
ten, also an eher hässlichen Emotionen wie Eitelkeit,
Neid, Herrschsucht, die sich in der Enge des ländli-
chen Raums noch verstärkten und in eklatantem Gegensatz zu den Idealen der Kommune standen. Hinzu
kamen Widersprüche, die aus dem Leben der Kommune in einer sie umgebenden kapitalistischen Wirtschaft erwuchsen, denn diese diktierte letztendlich die
Preise, auch die des Bodens. Und was als ein gemeinsames rationales Wirtschaften gedacht war mit dem
Ziel, mehr freie Zeit für den Einzelnen zur Entfaltung
seiner Interessen zu gewinnen, erforderte nun stetig Mehrarbeit, um das Modell zu erhalten. Statt zur
Selbstverwirklichung kam es zur Selbstausbeutung.
Der Lustgewinn ging auf Kosten der Pflichten in einem durchrationalisierten Alltag verloren. Der immer
starrsinniger und autoritärer auftretende Cabet war
zu keinen Kompromissen bereit. Seine rigide, humor-
lose Lebensform übertrug er auf die Gemeinschaft. Er
erließ ein Rauch- und Alkoholverbot. Nur alte Genossen, die sich partout das Rauchen nicht abgewöh-
nen konnten, durften das noch zu Hause tun. In der
Öffentlichkeit war es ihnen strikt verboten.

Auch taten sich Widersprüche auf, die für viele der
Gesinnungsethik verpflichteten Regierungen gelten.
Die Ikarier, die nach der Intervention Cabets ohne

Alkohol leben mussten, brannten weiterhin in großen Mengen Spiritus. Der wurde nach St. Louis verkauft und brachte hohe Gewinne. Im Kleinen erscheint, was in diktatorischen Erziehungsgesellschaften zu beobachten ist, die unbefragt sich selbst stabilisierende Macht (wenn die Mehrheit gegen ihn votierte, drohte Cabet, die Kolonie zu verlassen) verhindert notwendige Korrekturen. Étienne Cabet verfügte als Präsident dieser Gerontokratie über die Zeitung *Revue Icarienne*, war damit im Besitz der, wenn auch kleinen, öffentlichen Meinung, wollte aber darüber hinaus Einfluss auf die alltäglichen Gespräche nehmen und erklärte jede mündliche Kritik als Verrat an den Idealen der ikarischen Kommune. Damit verschärfte er die Konflikte und trug mit seinem der *aufrechten Brüderlichkeit* widersprechenden Konspirieren letztendlich selbst zu deren Untergang bei.

Die Majorität gründete ein *Neu-Ikarien*, das 1884, als Alfred Ploetz die Kolonie besuchte, noch vierunddreißig Mitglieder hatte, allerdings waren acht über sechzig Jahre alt. Die Kolonie starb langsam aus, und den letzten Neu-Ikariern fiel die Besitzung als Privateigentum zu. Sie wurden reiche Grundbesitzer – diesen Ausgang des Kommunismus hatte sich der große und so entschlossen für seine Utopie kämpfende Étienne Cabet sicherlich nicht träumen lassen.

VI.

Sozialismus, auf locker

AUCH PROFANE, DURCH ihre Funktionen bestimmte Orte tragen ein utopisches oder dystopisches Moment in sich. Dieses übersteigt ihre Funktion, indem es zur freien Kommunikation einlädt: Bahnhöfe, Flughäfen, Schwimmbäder, Marktplätze. Bahnhöfe sollen nicht nur eine optimale Abfertigung der Züge garantieren, sondern sind zugleich öffentliche Räume, in denen sich Menschen begegnen, Räume, die ansprechend und hell sein sollten. Schon im 19. Jahrhundert wurden Stahlkonstruktionen entwickelt, die durch Verglasung Transparenz ermöglichten. Als beispielhaft gilt der von Gustave Eiffel entworfene und 1877 eröffnete Budapester Westbahnhof. Die Verglasung des Eingangs und der Hallendecke wirkt wie ein Vorgriff auf die Reise ins Offene.

Ähnlich, aber nicht auf die Natur, sondern auf die Gesellschaft bezogen, hat Norman Foster die Kuppel des Reichstags verglast. Die Kuppel gibt von außen den Blick auf die darin wandelnden Besucher frei, denen wiederum der Ausblick auf die Stadt gewährt wird, während unten Gesetze diskutiert werden.

Die Restaurierung dieses 1933 durch Brandstiftung

beschädigten und in den letzten Kriegstagen zerstörten Gebäudes war allerdings derart gründlich, dass die Einschüsse und tiefen Krater in der Fassade ausgebessert und – damit auch die Geschichte – geglättet wurden. Hätten nicht wenigstens Teile der Fassade in ihrer zerborstenen Beschädigung belassen werden können?

Fährt man nachts auf der Autobahn Richtung München, taucht wie ein riesiges Schlauchboot das Allianz-Fußballstadion auf, strahlend rot erleuchtet, wenn *Bayern München* spielt. Das von den Architekten Pierre de Meuron und Jacques Herzog gebaute Stadion vereint in seiner Ästhetik, in seiner Funktion – in den oberen, den billigen Reihen sitzt man erstaunlich nahe am Feld, am Ort des Geschehens – und seiner sozialen Bedeutung das, was Foucault in seinem Essay *Andere Räume* als Heterotopien beschrieben hat: *(…) tatsächlich realisierte Utopien, in denen die wirklichen Plätze innerhalb der Kultur gleichzeitig repräsentiert, bestritten und gewendet sind (…)*

Das Fußballspiel bildet einen utopischen Raum des Gemeinsamen. Dieser öffnet sich durch eine Initiation, die Väter nehmen ihre Söhne, inzwischen auch die Töchter, zu den Spielen mit, was zu einer affektiven Bindung an den jeweiligen Verein und dessen Mannschaft führt, ein kollektives Erleben, das sich seiner selbst in der Fetischisierung der Zeichen der

Zugehörigkeit, den Schals, Vereinshemden, Maskottchen, vergewissert. Und wenn der Geißbock des FC Köln aufs Feld geführt wird, ist die Erinnerung an das Opfertier von so weit hergeholt? Köln steht schließlich in der römischen Tradition.

Am Ort der Spiele, im Stadion, treffen sich die verschiedenen sozialen Schichten, Akademiker, Angestellte, Handwerker, Facharbeiter, und jeder kann, wenn er denn die Regeln, die Namen der Spieler, die jeweilige Taktik, die Geschichte der Spiele und Spieler kennt, mitreden. Das Agonale der Parteien, die sich in Sprechchören, Liedern, Parolen, Slogans, Trommeln und Gesängen gegenüberstehen oder -sitzen, steigert die Spannung, die sich in einer gemeinsamen, wenn auch gegeneinander gerichteten Begeisterung äußert. Es ist Spiel, und so wird es auch – von einigen Hooligans abgesehen – friedlich genossen, auch wenn die Emotionen *hochkochen*. Das Stadion als Ort der großen Gefühle und Leidenschaften hat seine repräsentative Entsprechung in der Oper. Auch sie ist ein öffentlicher Raum, in dem Stimmen und Instrumente von großen Gefühlen erzählen, die beim Hören – zu Herzen gehend – neu erlebbar werden. Der Unterschied zwischen dem Hören einer Oper im Wohnzimmer und dem konzentrierten Hören und Sehen im Saal liegt in der gemeinsam erlebbaren Bedeutung des Schönen – es gefällt nicht nur mir, sondern ist für jedermann eine Quelle des Wohlgefallens in einem just dafür geschaffenen Raum.

Ein anderer Großbau, der meine Bewunderung weckt, ist das von den Architekten Behnisch und Partner in München geplante Olympiastadion. Das Zeltdach – im Modell war es mit einem Damenstrumpf modelliert – greift eine Urform der Behausung auf. Was die Höhle in bergiger Landschaft, bietet das Zelt in der Ebene, auch in seiner einfachsten Form der zusammengetragenen Palmenwedel: Schutz vor Regen und Sonne. Der Entwurf wurde von der Jury als zu waghalsig und technisch nicht realisierbar abgelehnt. Erst durch die Intervention des Jurors Egon Eiermann wurde er angenommen und realisiert. Das Material des Zeltdachs ermöglichte beides: die der Landschaft sich anpassende bewegte Dachkonstruktion und die Lichtdurchlässigkeit. Auch das gehört zu diesem Bau, das Wagnis seiner Konstruktion. Allein die Funktion bietet noch nicht den Überschuss, der aus einem Bauwerk etwas Neues und für die Menschen, die es nutzen, etwas einmalig Besonderes macht. Architektur sollte die Kunst der Utopie, des Wünschenswerten sein. Darum ist die Enttäuschung über Einfallslosigkeit und Monotonie umso größer.

Der öffentliche Raum ist der Niemands- und Jedermanns-Ort, insofern als keiner ihn besitzt und alle darauf Anspruch haben, er kann demokratisch genutzt oder zu befohlenen Aufmärschen missbraucht werden. Die demokratische Gesellschaft entscheidet über die Nutzung, erlaubt das Boulespiel wie die politische Manifestation.

Da der öffentliche Raum nicht naturgegeben, sondern ein gesellschaftlich bestimmter, oft zudem politisch erkämpfter ist, müsste er auch gehütet werden. Er hält die ferne Sehnsucht nach einer utopischen Gemeinschaft wach, in der die Menschen *von Grund* auf gleich sind.

2004 hat der Berliner Senat unter der Führung der SPD (auch Die Linke war daran beteiligt) im städtischen Besitz befindliche Wohnungen an Privatinvestoren verkauft. Vierzigtausend Wohnungen gingen in den Besitz börsennotierter, auf Höchstprofite ausgerichteter Wohnungsgesellschaften über. Die Folge ist bekannt und trägt den Namen Wohnungsnot.

In Berlin wurde im April 2019 ein Volksbegehren mit dem Ziel gestartet, zehn Großunternehmen mit mehr als dreitausend Wohnungen und *Gewinnerzielungsabsicht* zu enteignen. Hingewiesen wurde auf den Artikel 15 des Grundgesetzes, der eine Vergesellschaftung vorsieht. *Es können Grund und Boden, Naturschätze und Produktionsmittel zum Zwecke der Vergesellschaftung* enteignet werden. Eigentum verpflichtet. In dieser Forderung liegt in krisenhaften Zeiten reichlich Sprengstoff. Nicht verwunderlich, dass die Vertreter des Neoliberalismus diesen Artikel des Grundgesetzes jetzt mit dem Hinweis, er sei *unzeitgemäß* und *wirklichkeitsfern,* sagen wir utopisch, abschaffen wollen.

Die Diskussion über eine gerechte soziale Gesellschaft, macht sich neuerdings nicht an der Verfügung über die Produktionsmittel fest, sondern am Besitz von Grund und Boden. Vergleichbar der Situation zu Beginn der Neuzeit, von Thomas Morus in seiner Gesellschaftskritik dargestellt, die im Land- und Geldbesitz das Grundübel einer Gesellschaft sieht.

Der Versuch der Regierung, durch Gesetze die Mieten in einer moderaten Weise festzuschreiben, die sogenannte Mietpreisbremse, zeigt bislang keinen Erfolg. Dagegen haben sich listige basisdemokratische Formen des Widerstands herausgebildet: Bürgerproteste, Hausbesetzungen, Demonstrationen der Mieter, genossenschaftliche Verbindungen. In Hamburg-Altona gibt es mit *Viva la Bernie* einen Mietverein, der sich in öffentlichen Protesten und mit einem eigenen Kaufangebot gegen einen Investor wehrt, der Entmietung und Abriss eines Wohnblocks plant.

Einer der in diesem Mieterverein engagierten Mieter, der Grafiker und Musiker Lars Paukstat, gibt die Antwort: *Das gehört dem Volk. Das ist Sozialismus, auf locker. Verstehst du?*

VII.

Lost in action

DER FRIEDHOF SCHÖNEBERG III liegt an der Stubenrauchstraße. Morgens, auf dem Weg zum Bäcker *Mann*, gehe ich hin und wieder über den kleinen von Wohnhäusern, einer Schule und einem Sportplatz umgebenen Friedhof. Bei einem dieser Besuche entdeckte ich vor zwei Jahren einen neu gesetzten Grabstein. Darauf das Foto eines jungen Mannes, sein Name: *Yanneck Rottenberg,* das Geburts- und Todesdatum: *2. 3. 1998 – 3. 10. 2016.* Zwei Tags: *V3* und *bild.* Und dann stand da: *lost in action, rest in peace, life* (!) *in hearts.* Auf dem Grab lagen: Spraydosen und Stifte, kleine Laternen, Teelichter, Sneaker.

Yanneck Rottenberg wurde mit achtzehn Jahren zusammen mit seinem Freund beim Sprayen von einer S-Bahn erfasst und getötet.

Fast zwei Jahre habe ich versucht, über ihn und sein Schicksal etwas in Erfahrung zu bringen. Dann, bei einem meiner Friedhofsgänge, traf ich eine Frau am Grab. Auf meine Frage, ob sie den Toten gekannt habe, sagte sie: Ich bin seine Mutter.

Mit diesem Satz im Präsens begannen unsere Gespräche über Yanneck, über das, was ihn angetrieben hatte, was er vermisste, was er wünschte, was er hasste. Welche Musik er hörte, welche Bücher er las. Für seine Arbeit als Sprayer war ein Buch besonders wichtig, seine Bibel, wie seine Mutter sagte, *ODEM: ON THE RUN*.

Das ist der Titel eines Interviewbandes, den Jürgen Deppe mit dem wohl bekanntesten Berliner Graffitikünstler 1997 gemacht hat. Ein Buch, das im Jahr seines Erscheinens das meistgeklaute Buch im Buchhandel war. Der Writer – wie sich die Graffitikünstler nennen – mit dem Künstlernamen Odem arbeitete in den Achtziger- und Neunzigerjahren in Berlin. Seine Schriftbilder waren entlang der S- und U-Bahn-Linien zu sehen, wobei in der Szene als größte Leistung die End-to-End-Beschriftung gilt: das Beschreiben eines ganzen S-Bahn-Zugs. Es muss, da verboten, schnell geschehen und soll perfekt aussehen. Das eigene Kunstwerk kann man dann – und das ist der Kick für den Künstler – durch die Stadt fahren sehen.

Hauptsache Spaß! Hauptsache Chaos und Action!, sagt Odem. Zu diesem anarchischen Spaß gehörte auch, dass hin und wieder S-Bahn-Waggons demoliert, regelrecht auseinandergenommen wurden. Warum? Einfach so, sagt Odem. Wut. Hass. Hass worauf? Hass auf die Ordnung. Auf den Fahrplan. Hass auf all diejenigen, die funktionieren. Die *Fascho-Fressen,* wie es bei Odem heißt.

Der Staat, die Polizei, der Bahnschutz, die Staatsanwaltschaft verfolgen die Writer. Das Beschreiben öffentlicher Verkehrsmittel und Bauten ist verboten, darum wird das Schreiben mit einer Guerillataktik betrieben. Das bedeutet, mit der Gefahr zu leben, entdeckt zu werden, festgenommen zu werden. Und auch das: zu Tode zu kommen.

Odem sagt: *Wir wollten etwas anderes leben, okay, wir taten es, und wenn es nötig war, starben wir sogar dafür. Was ich machte, wollte ich mit Haut und Haaren machen, wollte mit Leib und Leben dafür einstehen, alle Brücken kappen, alle Fesseln sprengen, alles hinter mir lassen.*

Dieser existenzielle Einsatz des Lebens ist mit dem Anspruch verbunden, künstlerisch perfekte Graffiti zu erschaffen. Der Versuch einer Sinnfindung, in der sich Mut und Ästhetik verschränken. Beim Lesen von *ODEM: ON THE RUN* fällt die Parallele zu Ernst Jünger auf, die Suche nach der extremen Erfahrung und ihre gleichzeitige Ästhetisierung. Die Suche nach einem im Kampf gesteigerten Lebensgefühl, das auch die Freund-Feind-Bilder einschließt. Writergruppen bekriegen sich mit der Qualität ihrer Bilder oder aber durch Übermalungen, das Crossen. Dazu gehört auch der körperliche Einsatz – gewalttätige, bis zu Messerstechereien führende Auseinandersetzungen. Aktionismus, Kampf, Männerbündelei – das könnte diese

Gruppen in die Nähe des Protofaschismus rücken, wäre da nicht ihre entschiedene Abwehr von jeglichem Rassismus und Nationalismus. Die Szene besteht ausdrücklich auf ihrer Internationalität.

Odem, Kind einer zugewanderten kroatischen Familie, Schulverweigerer, Troublemaker, versteht sich als elitärer Outcast. Das, was er macht, ist nicht Geschmiere, sondern eine präzise erarbeitete Schriftkunst, von der er sagt: *Buchstaben transportieren auf viel geheimnisvolleren Wegen die Wünsche, Empfindungen und Gefühle des Writers. Daran sollen alle teilnehmen, und deshalb mache ich Werbung für meine Gefühle. Es wäre egoistisch, sie für mich allein zu behalten.*

Graffitikunst ist illegal, klandestin, nicht auf finanziellen Erfolg ausgerichtet und trägt dieses agonale Prinzip in sich, der Beste zu sein. Das Graffito soll der Gegenort oder Noch-nicht-Ort sein, der Wunschort einer Lebensform gegen eine als bedrückend empfundene Normalität. Ein Sinnspruch als Form. Eine Sinnsuche.

Und ich hasste dieses Haus meiner Eltern, mein winziges Zimmer, ihr beschissenes Dasein, diese Perspektivlosigkeit, diese Sinnlosigkeit. Warum lebten die nur so? Was sollte ich da noch?

Dieser Einsatz des Lebens für die Kunst erfüllt, was in der letzten Zeit von konservativen Kritikern und einigen Literaten verlangt wird: Radikalität, Schock, désinvolture, Distanz. Eine von jeder Ideologie, von jeder Sozialkritik befreite Ästhetik, die ihre Beglaubigung allein in der existenziellen Verbindung von Schreiben und Leben finden soll, ist als Feuilleton-Forderung recht wohlfeil, die Szene der Graffitikünstler hingegen lebt diese Radikalität.

Anti was?, fragte ich einen Writer.

Seine Antwort: Anti alles.

Dieses *Anti alles* stellt alles infrage. Einige Writer kommen aus kleinbürgerlichen, andere aus bildungsbürgerlichen Familien. Ihre Lebensform gründet in der Gruppe, im Abhängen, in der Musik, in Alkohol und Drogen, in einer Verweigerung dessen, was als normal verstanden wird. Das Normale ist die Ordnung. Das Nicht-Normale trägt in sich das utopische Moment der Freiheit. Eine radikale Verweigerung gegenüber dem, was als Zurichtung einer auf Leistung und Konkurrenz gebauten Gesellschaft verstanden wird. Jede sozialpädagogische Bemühung wird als anbiedernd und schmierig empfunden. Streetworker werden besonders verachtet, weil sie sich selbst moralisch gut vorkommen und doch nur die bezahlten Agenten der herrschenden Ordnung sind. Eine Diskussion darüber, welche Gesellschaft man genau haben will, gibt es in dieser Szene nicht. Und darum auch nicht die Überlegung, wie die Verhältnisse verändert werden könnten. Es gibt, das ist ein Paradox, in dieser so auf Schrift ausgerichteten Writerbewegung, zumindest in Deutschland, kein Forum, in dem über die politisch ästhetischen Ziele diskutiert wird. Das unterscheidet diese Jugendbewegung von der Studentenbewegung um 1968. Eine soziale Depression ist zu konstatieren, wird von den Protagonisten selbst diagnostiziert. Eine emotionale Sehnsucht nach Liebe, nach Geborgenheit, die gleichzeitig aber auch die Erregung des Schocks bieten soll. Spontaneität. Veränderung. Lustgewinn. Kennzeichnenderweise kann sich diese Ungeklärtheit, dieses verschwommene Ungenügen, nicht diskursiv in der Sprache formulieren. Die Writer suchen in und mit der Sprache, mit den Wörtern keine zweckgerichtete Kommunikation, Worte sollen vielmehr spontan und sensitiv ihren Ausdruck finden. Da, wo politische Argumente vorgetragen werden, meinen sie den Kampf in der und um die Öffentlichkeit. Die erfahrene Sinnleere wird übertragen auf ein horror vacui der leeren Flächen. Die Sprachlosigkeit findet ihren Ausdruck in der Bildhaftigkeit, in Form und Farbe. Sie wird zur Eroberung der öffentlichen Ödnis, des funktionalen grauen Betons, der strahlend weißen Wände, der Opulenz der Werbeflächen eingesetzt.

Das Agonale, das sich gegen die gesellschaftliche Verfasstheit und Ordentlichkeit richtet, verlangt die hierarchisch aufgestellte Gruppe. Geltung, Fame wird durch körperlichen Mut und ästhetisches Können erkämpft. Es reicht nicht, wie Odem sagt, ein Topgrafiker zu sein, wenn das Writing-Fever fehlt, man sich also nicht den gewagten, gefährlichen Aktionen aussetzt. Und kennzeichnend ist auch, dass es weniger Mädchen als Jungs in der Writerszene gibt.

Der existenzielle Einsatz verliert, wenn er den Underground verlässt und vom Kunstbetrieb vereinnahmt wird, seine Wirkkraft. Odem reflektiert diesen Zusammenhang in einer für die Szene typischen, gleichermaßen regional wie international getönten Sprache: *Für andere Aufträge kriegten wir jede Menge Fame, aber kaum Kohle. Die riesige Wand, die wir in München für das Plattencover von Advanced Chemistry machten, sorgte zwar für richtiges Aufsehen, brachte allerdings nur Credits im Booklet ein und schlappe 150 Mark. Trotzdem leckten wir Blut und kamen auf den Kohle-Trip. In die legalen Sachen sprühten wir unsere Telefonnummern mit rein, damit man uns engagieren konnte. Und dann besorgte ich mir einen City-piper, damit ich immer erreichbar war.*

Damit wurde der offene freie Raum zu dem, wogegen sich im Ursprung die Graffitikunst richtete, zum ökonomischen, zum kalkuliert gefälligen, durch Werbung und Manipulation deformierten Raum. Der City-Piper nahm der Arbeit die ästhetische Kraft, annullierte das existenzielle Wagnis und schwächte auch die Wirkung der nicht mit Telefonnummer versehenen, also illegalen Graffiti. *Ich merkte, wie das Feeling langsam verschwand, die Bilder nicht so wurden, wie sie mal waren, und der Groove allmählich wegging.*

Über das Leben und Sterben des jungen, zornigen Künstlers Yanneck Rottenberg, dem Odem ein Vorbild war, soll noch einmal ausführlich berichtet werden.

Zum Schluss diese Notiz aus der *Süddeutschen Zeitung* vom 16. November 2018: *Staatsschutz ermittelt wegen Graffiti. Ein Graffito in Form einer sechzehn Meter langen Wellenlinie ist für sich genommen noch keine politische Botschaft. Dennoch ermittelt nach dem Vorfall vom frühen Mittwochmorgen das für links motivierte Kriminalität zuständige Staatsschutzkommissariat 43. Betroffen ist wieder einmal ein Haus in der Baldestraße, in dem ein Immobilienentwickler sein Büro hat.*

VIII.
Der Turmbau zu Babel

Siehe, es ist einerlei Volk und einerlei Sprache unter ihnen allen und dies ist der Anfang ihres Tuns; nun wird ihnen nichts mehr verwehrt werden können von allem, was sie sich vorgenommen haben zu tun. Wohlauf, lasst uns herniederfahren und dort ihre Sprache verwirren, dass keiner des anderen Sprache verstehe!

Gustave Doré hat in einer Illustration dieses Ereignis festgehalten. Der Turm ragt in die Wolken. Noch werden gewaltige Steinbrocken auf einem Holzwagen zum Bau transportiert, aber die sechs, sieben Architekten und Steinmetze im Vordergrund rechts unten gestikulieren bereits, einer reckt verzweifelt die Arme gen Himmel, einer greift sich an den Kopf, einer an die Stirn, ein anderer sitzt grübelnd auf einem Stein, der Moment der Verzweiflung, des *Nicht-Verstehens,* das zugleich aber in all diesen Gesten schon die Dramatik des kommenden Übersetzens umfasst.

Die zeitgenössische Theologie glaubt nicht mehr an den Wirklichkeitsgehalt der biblischen Erzählungen und Bilder, sondern versteht sie als wahr in ihrer Gleichnishaftigkeit, und im Fall des Turmbaus zu

Babel offenbart sich nicht allein die Hoffart der Erbauer, eines Schaffenwollens wie Gott. Darunter liegt gleichsam ein frühes Nachdenken über die Sprachen, die mit dem arbeitsteiligen Bau des Turms in Zusammenhang gebracht werden. Der Turmbau zu Babel – ein Gleichnis für den Zivilisationsprozess der Menschheit.

Die wissenschaftlich gestellte Frage, wie Sprache entstanden ist, wurde von der *Société de Linguistique de Paris* 1866 mit einem Bann belegt. Die Frage sei, weil spekulativ und aufgrund fehlender Empirie, wissenschaftlich nicht zu beantworten.

Der Bann konnte nicht verhindern, dass immer wieder neue Theorien entstanden sind und entstehen. Allzu lustvoll sind die Spekulationen über den Anfang. Mir sagt die holistische Sprachgenese-Theorie des dänischen Linguisten Otto Jespersen am meisten zu. Er glaubte, dass am Anfang die menschliche Protosprache sich in Gesängen ausdrückte, aus denen allmählich Eigennamen als Wortkategorien entstanden, die wiederum zu Übertragungen führten und sich langsam bis zu abstrakten Begriffen verfeinern konnten.

Mich überzeugt diese Theorie auch aus dem Grund, weil meine jüngste Enkelin, die sich lange weigerte zu sprechen – sie verstand, so schien es, sprach aber zunächst nicht –, dann doch anfing, in einem eigentümlichen Gesang die ersten einfachen Worte zu bilden. Ein melodisches, onomatopoetisches La la la, und daraus bildeten sich Laute, die Personen bezeichneten. Der evolutionstheoretische Ansatz von Jespersen deutet daraufhin, so verstehe ich ihn, dass schon die Ursprachen beides umfassten, die Lust am Laut wie die Notwendigkeit der Mitteilung. Also Spiel und Zwang. Denn die Sprache zwingt uns zu sprechen, wie Roland Barthes in *Leçon* sagte, wenn auch seine Folgerung, sie sei, weil Zwang, faschistisch, zu allgemein und unbestimmt ist. Jedoch wird die Sprache begleitet von der Angst, einer Angst vor dem Abgrund des Nicht-verstanden-Werdens und des Nicht-Verstehens oder, abgemildert, des Nicht-genau-Verstehens, also des Missverstehens. Dieser albtraumhafte Urzustand, den Gustave Doré zeigt, führt vor, wie sich uns das Selbstverständliche der Sprache, in der wir uns täglich bewegen, plötzlich entzieht. Wir kennen die Situation im Alltag bei Wortfindungsschwierigkeiten und, weit grundsätzlicher, wenn wir mit einer fremden Sprache konfrontiert werden.

Ein babylonischer Traum, der mich früher oft aufgeschreckt hat: Ich bin unter Menschen, die mich nicht verstehen, und ich verstehe sie nicht. Ein verzweifeltes Ringen, ein Suchen, denn etwas Wichtiges, Lebenswichtiges, muss gesagt werden. Die Reaktion sind unverständliche Laute. Vielleicht haben Übersetzer ähnliche Träume, denn darin liegt doch gleichsam diese Verpflichtung wie im angenommenen Urzustand, als alle sich verstehen konnten, sich jetzt wieder zu verstehen. Ein utopischer Zustand, begründet durch den humanen Anspruch: Alle Menschen sind gleich. Die Sprachen haben sich auf wunderbare Weise gebildet und ausdifferenziert, aber dieses: Dass der Mensch im Wesen gleich ist, bringt es mit sich, die anderen Sprachen verstehen, sie übersetzen zu wollen. Und solche Arbeit ist von der tiefen Forderung bestimmt, es müsse gelingen – wie es in der Genesis über das Tagwerk des Herrn heißt: Er sah, dass es gut war. Das ist zumindest in der Literatur der Anspruch, dass die Schreibenden so lange arbeiten, ringen – wie man bei Doré sehen kann –, um die genauen Worte und daraus den Melos zu finden, bis sie sagen können, es ist gelungen, es ist gut. Und was heißt gut? Im Schreiben ist es die mühevolle Annäherung an das, was Kleist in Bezug auf das Schreiben sagt: *Wie soll ich es möglich machen, in einem Brief etwas so Zartes, als ein Gedanke ist, auszuprägen? Ja, wenn man* Tränen *schreiben könnte – doch so – –* Kleist hat am Ende dieses Satzes zwei Gedankenstriche gesetzt, die ins Sprachlose führen. Hinzu kommt bei einem literarischen Text der Klang der Sprache, der Rhythmus, das Melos. Zumindest eine Ahnung davon muss im übersetzten Text noch gerettet werden.

Ich habe eine hohe Achtung vor dem Übersetzen, nicht nur, weil ich alltäglich, Zimmer an Zimmer mit meiner übersetzenden Frau, Zeuge werde, wie dieses Wunder der Verwandlung vom Spanischen ins Deutsche geschieht, dass etwas mir Unverständliches verständlich wird, mir die Lust des Lesens schafft und eine fremde, staunenswerte Welt schenkt.

Als Objekt erlebe ich es, wenn meine Bücher übersetzt werden. Dass die Bücher für mich verwandelt daliegen, unverständlich, in fremder Zunge geschrieben, und doch verstanden werden. Das emotionale Verstehen kann man bei Lesungen am Ernst, auch am Lachen der japanischen, italienischen oder englischen Zuhörer erkennen. Zu meinen Beobachtungen gehört, dass die Übersetzer einen solidarischen Zusammenhalt haben, der sich allein schon durch die Möglichkeit des Austausches in den Übersetzerforen ergibt, in denen Fragen des Verbandes sowie sprachliche Probleme diskutiert werden können. Das ist ein Modell der gegenseitigen Hilfe. Anders als bei uns, den Autoren, die kleine Warenproduzenten sind, herrscht unter den Übersetzerinnen und Übersetzern selten ein derartig performatives Konkurrenzgehabe. Und vor allem auch das: Die Übersetzer, mit denen ich schon länger zusammenarbeite, sind sehr genaue Leser. Sie finden Winzigkeiten, die dem Autor, der nach langer Arbeit seinen Text für gut befunden und abgeschlossen hat, entgangen sind.

Gerrit Bussink etwa, der seit dem ersten Roman *Heißer Sommer* fast alle meine Romane ins Niederländische übertragen hat, eine vierzigjährige Arbeit, aus der eine ebenso lange Freundschaft wurde – Gerrit Bussink fand im Roman *Ikarien* einen Anachronismus. Eine Straßenkreuzung, einen Platz in München, die Münchner Freiheit, die zur Zeit der Handlung, der Roman spielt zum Kriegsende 1945, noch Feilitzschplatz hieß. Erst ein knappes Jahr später wurde der Platz unbenannt. Der Hinweis belegt, mit welcher Akribie, mit welchem Ethos gute Übersetzer arbeiten, wie dieser Anspruch des Verstehens die Arbeit begleitet und mit der Sprache auch die Realien erfasst.

Das Bild vom *Über-Setzen,* das mit der ihm innewohnenden doppelten Bedeutung oft bemüht wird, trifft für die abstrakte Beschreibung dieser Tätigkeit zu. Ich hingegen favorisiere den Vergleich mit dem Kochen. Die genauen Kenntnisse der Ingredienzien und der Art ihres Zusammenwirkens, das Wissen um den exakten Garpunkt, die Fähigkeit, die wahrlich nicht jeder hat, des genauen Schmeckens und Abschmeckens erinnern an diese sinnlich sinnhafte Arbeit mit der Sprache – den ganz besonderen Geschmack zu vermitteln, ohne dass es geschmäcklerisch wird. Das Bild kann nicht ausgeweitet werden, sonst wäre das Übersetzerkolloquium in Straelen eine Kochschule, was es, wie ich hörte, wohl manchmal tatsächlich ist, wenn die hier zusammenkommenden Kolleginnen und Kollegen sich nicht nur in ihren Sprachen, sondern auch über ihre heimatlichen Gerichte austauschen. Die Zunge ist eben für beides das Organ, für das Sprechen und das Schmecken.

Das Europäische Übersetzer-Kollegium wurde vor vierzig Jahren auf eine Initiative von Elmar Tophoven und Klaus Birkenhauer hin gegründet und eifert einem großen Vorbild nach: der Übersetzerschule von Toledo. Dort wurden im 12. Jahrhundert die früher ins Arabische übersetzten griechischen Philosophen Platon und Aristoteles aus dem Arabischen ins Lateinische übersetzt und damit für den europäischen Raum wieder zugänglich gemacht. War es dort der Erzbischof Raimund von Toledo, so war es hier die Landesregierung von Nordrhein-Westfalen. Das Kollegium, 1978 in Straelen gegründet und seitdem stetig vergrößert, bietet den Übersetzerinnen und Übersetzern die Möglichkeit, in Ruhe und mit einer umfassenden Bibliothek im Hintergrund zu arbeiten, zu diskutieren, sich mit Kollegen und Autoren zu treffen. Also das zu tun, was Gustav Doré so eindrucksvoll gezeichnet hat – den Kampf um das Verstehen auszufechten. Diese Institution ist eines der wenigen Beispiele für eine Utopie, die Wirklichkeit wurde. Hier wird in einer Zeit, in der nationale und nationalistische Bewegungen sich ausbreiten und reaktionäre

Kleingeister wieder auf dem Autochthonen beharren, das Gegenmodell gelebt. Auch wenn bei der Arbeit an den Übersetzungen mancher wie bei Gustav Doré die Hände ringen mag, so ist das eben nicht nur der Verzweiflung über die verlorene allgemeine Verständigung geschuldet, sondern der Anstrengung, diese neu zu erarbeiten. Was das tiefere Verstehen von Demokratie ausmacht, wird das Diskutieren, das Fragen und Nachfragen, letztlich also das Verstehen, auch wenn man nicht derselben Meinung ist, hier handwerklich betrieben. Es wäre das Bauhaus zum Turm von Babel, wenn man den Turm denn im Sinne von Norbert Elias als das große, wenn auch prekäre Projekt der Zivilisation verstünde.

IX.
Die schöne Blume Utopie

DYSTOPIEN SIND, WENIG verwunderlich, Thema der sich selbst ernst nehmenden Literatur. Hin und wieder finden sich darin als Konterpart Idyllen oder wenigstens idyllische Situationen, die sich nur selten zur gesellschaftlichen Utopie weiten. Ein Beispiel dafür bietet Heinrich von Kleists Erzählung *Das Erdbeben in Chili.* Als Zeit der Handlung wird gleich im ersten Satz das Jahr 1647 angegeben, Ausgangspunkt des Geschehens ist das katastrophale Erdbeben, das damals die Stadt Santiago de Chile verwüstete. Im Zentrum der Geschichte steht die verbotene Liebe des Hauslehrers Jeronimo zu seiner aus adligem Hause stammenden Schülerin Josephe. Eine grelle Handlung, die, fasst man sie zusammen, nach einem Hintertreppenroman klingt: Die von Jeronimo geschwängerte Josephe wird von ihrem Vater in ein Kloster verbannt, wird beim Glockengeläut des Fronleichnamsfests auf den Stufen der Kathedrale von den Wehen überrascht und kommt dortselbst mit einem Jungen nieder. Sie wird wegen ihrer frevelhaften Liebschaft zum Tode durch Enthauptung verurteilt. Im Moment der Hinrichtung, als auch der verzweifelte Liebhaber Jeronimo Selbstmord begehen will, lässt Kleist die Erde beben – ein Deus ex Machina, der, indem er Santiago vernichtet, die Liebenden rettet. Allerdings kann die Rettung für Kleist nur eine vorläufige sein.

Die kolportagehafte Handlung wird durch Kleists sachlich konstatierende, auf moralisch deutende Kommentare völlig verzichtende Sprache höchst kunstvoll gebrochen. Die verschlungenen hypotaktischen Sätze mit ihren rhythmisierten Wortgruppen sorgen für einen ganz eigenen Wechsel von vorwärtsdrängender Dynamik und ruhiger Beschreibung.

Kommentarlos drastisch wird die Naturkatastrophe erzählt: Josephe *hatte noch wenig Schritte getan, als ihr auch schon die Leiche des Erzbischofs begegnete, die man so eben zerschmettert aus dem Schutt der Kathedrale hervorgezogen hatte. Der Palast des Vizekönigs war versunken, der Gerichtshof, in welchem ihr das Urteil gesprochen worden war, stand in Flammen, und an der Stelle, wo sich ihr väterliches Haus befunden hatte, war ein See getreten, und kochte rötliche Dämpfe aus.*

Gegen diese Katastrophe mit all den Verletzten, Umherirrenden, Suchenden, Verzweifelten setzt Kleist ein Tal des Friedens, wo die aus der zerstörten Stadt geflohene Josephe zur Ruhe kommt und das liebende Paar wieder zueinanderfindet. *Josephe dünkte sich unter den Seligen. Ein Gefühl, das sie nicht unterdrücken konnte, nannte den verfloßnen Tag, so viel Elend er auch über die Welt gebracht hatte, eine Wohltat, wie der Himmel noch keine über sie verhängt hatte. Und in der Tat schien, mitten in diesen gräßlichen Augenblicken, in welchen alle irdischen Güter der Menschen zu Grunde gingen, und die ganze Natur verschüttet zu werden drohte, der menschliche Geist selbst, wie eine schöne Blume, aufzugehen.*

Das Paar mit seinem Kind sucht und findet einen Platz unter den Zweigen eines Granatapfelbaums: *Hier ließ sich Jeronimo am Stamme nieder, und Josephe in* seinem, *Philipp in Josephens Schoß, saßen sie, von einem Mantel bedeckt, und ruhten.*

In dieser Szene evoziert Kleist mit leiser Ironie – die beiden sind wahrlich keine Heiligen und stecken jetzt unter einer Decke – das Bild der Heiligen Familie auf der Flucht. Deutlich ist der Bezug auf das Paradies, den Garten Eden, der sich in der Beschreibung zu einem Ort der gesellschaftlichen Utopie ausweitet.

Auf den Feldern, so weit das Auge reichte, sah man Menschen von allen Ständen durcheinander liegen, Fürsten und Bettler, Matronen und Bäuerinnen, Staatsbeamte und Tagelöhner, Klosterherren und Klosterfrauen: einander bemitleiden, sich wechselseitig Hülfe reichen, von dem, was sie zur Erhaltung ihres Lebens gerettet haben mochten, freudig mitteilen, als ob das allgemeine Unglück Alles, was ihm entronnen war, zu einer Familie gemacht hätte. Statt der nichtssagenden Unterhaltungen, zu welchen sonst die Welt an den Teetischen den Stoff hergegeben hatte, erzählte man jetzt Beispiele von ungeheuren Taten: (…)

Ja, da nicht Einer war, für den nicht an diesem Tage etwas Rührendes geschehen wäre, oder der nicht selbst etwas Großmütiges getan hätte, so war der Schmerz in jeder Menschenbrust mit so viel süßer Lust vermischt, daß sich, wie sie meinte, gar nicht angeben ließ, ob die Summe des allgemeinen Wohlseins nicht von der einen

Seite um eben so viel gewachsen war, als sie von der anderen abgenommen hatte.

In der Forschung wird dieses Zwischenstück meist als Zeitpunkt gedeutet, in dem es nach der Revolution – dem Erdbeben –, mit der die Erzählung in Verbindung gebracht wird, einen Moment der Freiheit, Gleichheit und Brüderlichkeit gibt: Die Felder, auf denen die Geretteten liegen, haben sich zum utopischen Raum geweitet, der sich dann schnell wieder verengt – vergleichbar mit der Situation in Frankreich, als in der Revolution 1794 *la grande terreur* einsetzte.

In Chili agitiert die Kirche mit einem Dankgottesdienst, der das Erdbeben als göttliche Strafe für die sündhafte Liebe zweier Menschen erscheinen lässt. Die Liebenden, Jeronimo und Josephe – und der Säugling ihres Freundes Don Fernando –, werden vom aufgehetzten Mob getötet, ihr Kind, das Kind der *Sünde,* aber wird gerettet und später von Don Fernando adoptiert, *als ob das allgemeine Unglück Alles, was ihm entronnen war, zu einer Familie gemacht hätte.*

Die Erzählung fragt nach dem Sinn hinter dem Irrsinn. Kann man Gott für eine derartige Katastrophe verantwortlich machen? Den ideengeschichtlichen Hintergrund der Erzählung bildet das Erdbeben von Lissabon am Tag Allerheiligen 1755. In drei bis vier Minuten wurde die Stadt durch Erdstöße zerstört, darunter die Paläste und Kirchen. Allein das Bordellviertel blieb verschont. Ein Ereignis, das die damalige Politik, die Literatur, die Theologie und die Philosophie in einem ungeahnten Ausmaß bestimmt und verändert hat, vergleichbar, wie Adorno schreibt, mit dem Holocaust, der die europäische Kultur transformiert hat. Die leibnizsche Idee der Theodizee, dass diese Welt die beste aller Welten sei, wurde von Voltaire nach dem Ereignis radikal infrage gestellt. Der von Ketzern und Apostaten durch die Jahrhunderte immer wieder hervorgehobene Widerspruch: Entweder ist Gott allmächtig, dann ist er nicht gütig, oder er ist gütig, dann ist er, in Anbetracht des Leids, nicht allmächtig, erschien bewiesen: Gott ist nicht. Vielleicht liegt in dieser Erschütterung und dem daraus resultierenden Zweifel, der Philosophie und Literatur erfasste, der Beginn für den späteren europäischen Nihilismus?

Kleists Ansatz ist ein anderer. Gott bleibt außen vor. Die bohrende Frage der Erzählung ist: Wie geht die Menschheit, die Gesellschaft, mit der Natur und mit sich selbst um? Die Natur ist moralisch weder gut noch böse. Sie ist, wie sie ist. Und der Mensch als Teil der Natur ist ihr unterworfen, das, was Natur in ihm ist, etwa das liebende Begehren, treibt Jeronimo und Josephe trotz aller Verbote zueinander und bringt ein Kind in die Welt, also Leben. Dagegen steht eine lebensfeindliche Gesellschaft, die sich klerikal und finster gegen eine nicht standesgemäße Verbindung richtet, Konvention über Mitgefühl stellt. Der blinde Terror der Natur waltet auch im Terror durch die blindwütige Masse. Der religiöse Moralkodex verhindert das nicht, im Gegenteil, er liefert das gute Gewissen für die hasserfüllte Raserei, die zur Tötung der Liebenden und des Säuglings des Freundes Don Fernando führt. Das Gemetzel, hinter dessen Beschreibung Erfahrungen im Krieg stehen mögen, bringt Kleist durch gewaltsame Fügungen im Satzbau zur Sprache. *Don Fernando, dieser göttliche Held, stand jetzt, den Rücken an die Kirche gelehnt; in der Linken hielt er die Kinder, in der Rechten das Schwert. Mit jedem Hieb wetterstrahlte er Einen zu Boden; ein Löwe wehrt sich nicht besser. Sieben Bluthunde lagen tot vor ihm, der Fürst der satanischen Rotte selbst war verwundet. Doch Meister Pedrillio ruhte nicht eher, als bis er der Kinder Eines bei den Beinen von seiner Brust gerissen, und, hochher im Kreise geschwungen, an eines Kirchenpfeilers Ecke zerschmettert hatte. Hierauf ward es still, und Alles entfernte sich. Don Fernando, als er seinen kleinen Juan vor sich liegen sah, mit aus dem Hirne vorquellenden Mark, hob, voll namenlosen Schmerzes, seine Augen gen Himmel.*

Aber der Himmel ist leer. Es ist ein radikal pessimistischer Blick auf Natur, Mensch und Gott. Für das Leiden und Sterben der Menschen findet sich so wenig ein Sinn wie für die Plötzlichkeit des Erdbebens. Die Frage nach Gott ist fehl am Platz. Sie wäre eine kindliche, die Frage nach dem strafenden Vater. Gefragt werden müsste hingegen, was dem blinden Wirken der Natur entgegengesetzt werden kann. Kleist, so können wir das Geschehen in *Erdbeben in Chili* verstehen, setzt dem naturhaften Zwang die Freiheit des Menschen entgegen. Erst sie schafft seine Selbstständigkeit, die Souveränität seiner selbst. Sie lässt ihn wählen, aber zwingt ihn auch gleichermaßen dazu. Diese Freiheit ist wiederum Voraussetzung für die Gleichheit der Menschen, die sich im alle verbindenden Wissen um Schmerz und Tod ausprägt, aus dem erst Brüderlichkeit und gegenseitige Hilfe erwachsen. Eine existenzielle Moral, die nicht religiös begründet ist, sondern in der Freiheit des Individuums liegt. Sie ist prekär, da sie immer das Scheitern einschließt, und doch liegt eine vorausweisende Kraft in ihr. Darum häuft sich in Kleists Schilderung der gesellschaftlichen Dystopie die sprachliche Form *Als-ob*. Literatur ist dieses *Als-ob*, ein in der Negativität des Geschehens aufscheinender ästhetischer Anspruch auf eine andere, ein glückliches Leben ermöglichende, nicht im Jenseits zu suchende, sondern im Hier und Jetzt liegende Welt. Und im Klang, in der artifiziellen Konstruktion der Form, scheint in Sprache verwandelt die Gegenwelt zur Gewalt auf, Liebe und Nächstenliebe.

Die klerikale Regierung Österreichs wollte diese Hoffnung des *Als-ob* nicht gelten lassen, sie hat in Kleists Geschichte nur das Skandalon gesehen, hatte doch der Dichter die Frage nach dem Sinn der Katastrophe nicht mit dem Fundamentum des Glaubens beantwortet: *Credo, quia absurdum est.* Denn das Offenhalten dieser Frage – der Zensor muss ein genau lesender Kanoniker gewesen sein – schließt den radikalen Zweifel an diesem Credo, also an der Existenz Gottes, ein.

Kleists Erzählungsband wurde denn auch gleich nach Erscheinen 1810 in Wien verboten.

X.
Friedhöfe

POLITISCHE UTOPIEN ZIELEN nicht auf eine dynamische Zukunft, vielmehr auf eine stabile Endzeit, auf eine Konfliktlosigkeit, die im Quietismus mündet – im Ende der Geschichte. Auch darum muss der Raum begrenzt werden, die Insel, der Einfluss von außen, jede Irritation muss durch das Meer und zusätzlich durch Riffe abgewehrt werden. Doch trägt das Modell Utopia die Dystopie schon in sich. Eine Regierungsform, die einen weisen Fürsten voraussetzt, birgt in sich den die Freiheit eingrenzenden Raum für den Tyrannen, und die Wahlmöglichkeit, das demokratische Prinzip, trägt in sich den Aufstand jener Klassen, die benachteiligt oder ausgeschlossen werden. Die Herr-Knecht-Dialektik wie auch die Freund-Feind-Spannung werden in den traditionellen utopischen Modellen nicht aufgehoben. Der Anspruch auf ein Leben, dessen Ziel die *blessings of freedom* sind, dem die Gleichheit beigegeben ist, leitet sich aus dem Wissen um ein nur im Hier und Jetzt anzustrebendes und realisierbares Glück, das Recht auf *the pursuit of happiness,* ab, das die Unabhängigkeitserklärung der Vereinigten Staaten ihren Bürgern garantiert.

Die Begrenztheit des Lebens ist der Stachel, der sich gegen eine gesellschaftliche Wirklichkeit des Leids, des Hungers, der Zurücksetzung richtet. Zeit kann nicht storniert werden. Der Tod ist die Grenze, aus der die utopischen Entwürfe ihre Kraft nehmen, die Wirklichkeit zu verändern. Zugleich aber wird mit dem Entwurf und dem Kampf um eine zu verwirklichende ideale Gesellschaft der Einzelne gering geschätzt. Bert Brechts Stück *Die Maßnahme* exemplifiziert das. Der politische Kampf erfordert das Opfer des gegenwärtigen Glücks für das ferne Ziel der klassenlosen Gesellschaft. Es soll, es muss ein anderes, gerechtes, glückliches Leben geben, dafür muss in der Gegenwart das Unglück, auch der Tod hingenommen werden. Schon dem Staat Platons liegt ein metaphysisches Zeitverständnis zugrunde, das den Tod als gering erachtet. Er zeigt sich als Erlösung, wenn Sokrates im *Phaidon,* nachdem er aus dem Schierlingsbecher getrunken hat, sagt: *O Kriton, wir sind dem Asklepios einen Hahn schuldig: entrichte ihm den und versäume es ja nicht.* Und dieses Opfer meint: Dank für die Erlösung von der Krankheit Leben.

Das platonische Denken hat Eingang ins Christentum gefunden, die Welt hier ist nichts, die Welt danach ist alles. Aus dem Reich der Ideen wird das himmlische Reich, das himmlische Jerusalem, auf das man hinlebt. Ein Verkennen dessen, was Leben ist, das sich nur im Hier und Jetzt entfalten und nur dort seine Einmaligkeit erweisen kann, ist auch den utopischen Entwürfen inhärent. Sie überspringen mit der zukünftigen Projektion die Gegenwart – das Wunder Leben, das nur hier und in der Zeit begrenzt ist. Dem wird an den Stätten Reverenz erwiesen, wo es an sein Ziel gekommen ist, wo es seine Ruhe findet – auf dem Friedhof.

Foucault hat darauf hingewiesen, wie dieser Ort aus dem Zentrum des Dorfes, der Stadt, hinausgewandert ist an die Peripherie. Nicht allein wegen der Seuchengefahr, sondern weil der Tod als Krankheit verstanden und darum entfernt und ausgeschieden wurde.

Diese großen, entfernt liegenden Parkfriedhöfe finden nicht in dem Maß mein Interesse wie die dem alltäglichen Leben zugehörigen im Dorf oder in der Stadt.

Einer dieser geschichtlichen Friedhöfe, den ich oft besucht habe, liegt in Rom im Vatikan. Auf dem Platz, dem Petersplatz, drängen sich die Gläubigen, die Touristen, die Kleingewerbetreibenden, man hält sich vor dem Petersdom links, wird von einem Wache stehenden Schweizergardisten aufgehalten, nennt die Parole und darf passieren, geht ein paar Schritte zu dem von einem Gebäudekomplex und einer Mauer umschlossenen Campo Santo Teutonico, einem Friedhof, kleiner als ein Fußballfeld, bestanden von zwei mächtigen Zypressen, zwei Palmen, ein paar Orangenbäumen, dazwischen die hellen Marmorgrabsteine.

Ein geschichtlich idealtypischer Raum, eingefriedet, doppelt vom Alltag getrennt, symbolisch aufgeladen, denn dieser Friedhof liegt auf dem Circus Neronis. Hier starb – so sagt die Legende – Petrus. Eine eingefriedete Erinnerungslandschaft, mit seinen Marmorsteinen, bescheidenen Büsten, in die Mauer eingelassenen Epitaphen, zwei, drei Marmorengeln, ein durch die vielen, über Jahrhunderte hier Begrabenen nach oben drängender Totenacker. Stefan Andres und der Maler Joseph Anton Koch liegen hier, viele Nonnen, Monsignori, frühe Romreisende aus jenen Ländern, die einmal zum Heiligen Römischen Reich gehörten, Deutschland, Österreich, Belgien und Holland. Deren Botschaften verwalten bis heute diesen kleinen Rest des Heiligen Römischen Reiches, eine winzige Enklave in der Enklave des Vatikanstaats. Selten trifft man einen Besucher an, und wenn, dann meist einen Lesenden, der vor dem Trubel und der Hitze hierhergeflüchtet ist. Anders der Stubenrauch-Friedhof in Berlin, wo auf dem Grabstein Marlene Dietrichs mit der Inschrift: *Hier stehe ich an den Marken meiner Tage* rote Glasherzen, Schokoladenosterhasen, Fotos und Strapse abgelegt werden. Friedhöfe sind die gegenwärtigen Orte der Vergangenheit. Die Stimmen aus den Gräbern sprechen zu den Besuchern, den Angehörigen, werden dann leiser und verstummen, bis auf die wenigen, die etwas zu sagen hatten. Danach gibt es das geisterhafte Zwiegespräch in dem Raum, der ein wenig über die Zeit hinausreicht. Etwa das Grab Elvis Presleys in Memphis, das von Jim Morrison auf dem Père Lachaise mit grellbunten Devotionalien oder die Bleistifte und Kugelschreiber an Joseph Brodskys Grab und nur wenige Schritte von diesem entfernt das von Ezra Pound auf der Friedhofsinsel San Michele vor Venedig.

Der Friedhof, wir sprechen von den europäischen Friedhöfen, ist eine Insel in der Zeit, abgegrenzt vom gegenwärtigen Alltag, von dem Geschäftigen, gesellschaftlich Umtriebigen. Ein Eden, denn das heißt in der *Septuaginta,* der griechischen Übersetzung der Tora, Garten – der Garten Eden. Ein umschlossener Bereich, der die Wildnis ausgrenzt, in dem das Fressen und Gefressenwerden, der Kampf ums Überleben, zu seinem Stillstand kommt. Hier offenbart sich die Gleichheit des Todes, wo der Schmerz sein Ende findet, auch wenn bombastische Engel und Mausoleen noch die sozialen Unterschiede markieren.

Friedhof, das ist der eingefriedete Bereich, althochdeutsch *frithof,* dem im 19. Jahrhundert die Bedeutung des Friedens, der Ruhe hinzugefügt wird, die auch juristisch gefasst und als Störung der Totenruhe bestraft wird. Gefriedet meint abgeschirmt von dem Draußen des Lebens. Schon durch eine solche Abgrenzung wird dieser Raum hervorgehoben, im Mittelalter neben der Kirche gelegen, das zentrale Gedächtnis des Dorfes oder der Stadt.

Menschen nicht zu begraben, galt in der Antike als Vernichtung des Nach-Lebens, also des Lebens der Gestorbenen. Überließ man sie den Hunden, Krähen und Geiern zum Fraß, strafte man sie mit der tiefsten Verachtung. In dem Vorgang der Beerdigung zeigt der Mensch sein Wissen von der Einmaligkeit des seiner selbst bewussten, beseelten Lebens. Die Tragödie um Antigone, die ihren Bruder Polyneikes gegen den Willen König Kreons beerdigt und dafür zur Strafe lebendig eingemauert wird, zeugt von der barbarischen Ungeheuerlichkeit des königlichen Verbots. Sie führt in Sophokles' Tragödie zu Selbstmorden. Das Nicht-Bestatten richtet sich gegen das Leben.

Himmler ließ den am 20. Juli erschossenen und auf dem Friedhof der St.-Matthäus-Kirche begrabenen Oberst Stauffenberg und seine Mitverschwörer wieder ausgraben und befahl, die Leichen zu verbrennen. Ihre Asche wurde auf Rieselfeldern verstreut.

Im Oktober 1977 weigerten sich einige Gemeinden, die Toten der RAF, Baader, Raspe, Ensslin, auf ihren Friedhöfen begraben zu lassen. Erst durch die Anordnung – eine mutige Entscheidung – des Oberbürgermeisters von Stuttgart, Manfred Rommel, konnten sie in einem Gemeinschaftsgrab auf dem Dornhaldenfriedhof beerdigt werden.

Die Endlichkeit des Lebens gibt Raum für die Unendlichkeit der Wünsche, Ängste, Hoffnungen, der Sinngebungen. Gefriedet finden diese ihren Ort in den Werken der Philosophie, der Wissenschaft, des Films, der Musik, Malerei, Literatur – in ihnen hat sich Lebenszeit materialisiert und wird zugleich transzendiert, zumindest eine Zeit lang, sodass durch sie die Zukunft, also Leben, offengehalten wird.

Die pathetischen Gedenkstätten des unbekannten Soldaten stehen für die Dystopie in der Geschichte.

Der Tod der vielen, den der Namenlose anzeigt, muss durch Reden, Aufmärsche und Kranzniederlegungen verklärt werden. Die Utopie, der Nicht-Ort, aber fragt nach dem Sinn jedes Einzelnen. Und so behauptet der Friedhof – ein Paradoxon – die Verteidigung des Lebens gegen die Beliebigkeit.

XI.
Komm! ins Offene, Freund!

DIE MÜNCHENER UNIVERSITÄT war im Frühjahr 1968 besetzt worden. Ein langes weißes Spruchband hing über dem Eingang: *Kampf gegen die Notstandsgesetze.*

An jenem Tag, ich weiß nicht mehr genau, an welchem, wurde der Lichthof mit seinen Emporen und Treppen zu einem Forum. Reden wurden gehalten, Musik spielte, Würstchen und Buletten wurden verteilt, Freibier, das ein Rechtsanwalt, Wein, den ein Psychiater gestiftet hatte. Es wurde getanzt. In den verschiedenen Hörsälen tagten Arbeitsgruppen zur Hochschulproblematik, zur Psychiatrie, zum Klassencharakter der Wissenschaften, zu den Befreiungsbewegungen in den Ländern der Dritten Welt. Franz Josef Degenhardt kam und wollte *die Internationale* auf der großen Orgel in der Kuppelhalle spielen. Der Streikrat sollte ihm das Manual aufsperren. Ihr seid doch Revolutionäre, sagte er, das müsst ihr doch schaffen. Es gelang nicht. Später habe ich mehrmals diesen Traum gehabt, ich hörte das Spiel, so deutlich, dass ich mich zuweilen fragte, ob Degenhardt nicht doch gespielt hat. Es war eine Feier. Es war ein Moment, einer der wenigen, in dem das zusammenkam, was durch den Tod des Freundes Benno Ohnesorg mit ausgelöst worden war, tatkräftige Radikalität und Reflexion, Theorie und Poesie. Es wurde Lyrik gelesen, Rainer Werner Fassbinder trat mit Schauspielern auf, Revolutionslieder und Lieder von Schubert wurden gesungen, ein Durcheinander, eine anarchische Feier, die ihren Sinn in sich selbst hatte. *Komm! ins Offene, Freund!*

Der Wunsch, das kleinlich kleine, von Konkurrenz, Angst und Missgunst bestimmte Ich hinter sich zu lassen, tätig zu werden, an der Veränderung der Gesellschaft zu arbeiten, die friedlicher, solidarischer, gerechter sein sollte und der Phantasie ihren Raum ließe.

Die drei Bände von Ernst Blochs *Das Prinzip Hoffnung* schließen mit einem chiliastischen Ausblick: *Die wirkliche Genesis ist nicht am Anfang, sondern am Ende, und sie beginnt erst anzufangen, wenn Gesellschaft und Dasein radikal werden, das heißt sich an der Wurzel fassen. Die Wurzel der Geschichte aber* ist der arbeitende, schaffende, die Gegebenheiten umbildende und überholende Mensch. Hat er sich erfaßt und das Seine ohne Entäußerung und Entfremdung in realer Demokratie begründet, so entsteht in der Welt etwas, das allen in die Kindheit scheint und worin noch niemand war: Heimat.

Der Aufwachraum

Dem Kind hatte man gesagt, es sei ein kleiner Eingriff, das Entfernen der Gaumenmandeln. In dem vergangenen Jahr hatte es oft das Bett hüten müssen, mit Wadenwickeln und Tees und dem Fieberthermometer unter der Achsel. Was die Eltern nicht wussten, der Junge war gern krank, das Fieber war eine Freude, er genoss den plötzlichen den Körper erfassenden Schauder, das Frösteln, das schlagartig in Hitzewellen umschlagen konnte, und dieses milde Schweifen und Abschweifen der Gedanken, die Bilder, die Situationen, die langsam wie unter Schlieren an seinen Augen vorbeizogen, zuweilen aber auch furchterregend waren, das Irren durch verwinkelte Räume, dunkle Gänge, deren Ausgang nicht zu finden war, trotz eines fernen Lichts; das war, wenn der Fieberschub nachließ, die Lampe im Nebenzimmer, und dann war da die Bettdecke, und die war weich, und auf dem Nachttisch stand ein warmer Zitronentee.

Das Kranksein war eine Freude. Es gab Wunschkost, Spinat mit Spiegelei und Apfelmus. Und er musste nicht in die gefürchtete Schule gehen. Er hasste, was zur Heilung beitragen und zu einem beschleunigten Gesundwerden führen sollte. Der Arzt kam ins Haus, tunkte den mit Mull umwickelten Holzstab in eine hellblaue Tinktur und pinselte den Rachen aus. Das Würgegefühl. Der brennende Schmerz. Der bittersaure Geschmack, Mund und Rachen schienen sich zu verengen.

Dann hieß es, die Mandeln müssten entfernt werden. Sie seien die Ursache für das Fieber, für die Erkältung, für das ständige Fehlen in der Schule. Es müsse sein, um spätere körperliche Schäden abzuwenden. Ein kleiner Eingriff, hieß es.

Herr Eickhorst, Vertreter für Pelzwaren und früher Kürschner in Ostpreußen, sagte, das sei halb so schlimm, der Eingriff sei bei ihm als Kind, etwa im gleichen Alter von zwölf, in der Küche des elterlichen Bauernhofs gemacht worden. Und zwar, wie er erzählte, von einem Arzt aus der Kleinstadt Bialla, die später in Gehlenburg umbenannt worden war. Der Arzt machte einmal in der Woche all seine Besuche auf den weit verstreut liegenden Gehöften, im Winter, wenn sein Dixi nicht durch den Schnee kam, fuhr er mit dem Pferdeschlitten vor. Auf einem Küchenstuhl sitzend, habe ihm der Arzt mit einer Stahlzange ruck, zuck die Mandeln aus dem Rachen geschnitten. Geblutet habe es und natürlich auch wehgetan. Von draußen habe man ihm Eiszapfen zum Kühlen gebracht. Geweint habe er nicht. Sonderbarerweise begleitete diese Geschichte das Kind später durch das Leben, als wäre er Zeuge des Geschehens gewesen.

Auch das wurde von dem Jungen erwartet, nicht zu weinen, als er auf einem Metallstuhl, dessen Räder erbärmlich quietschten, in den Operationssaal geschoben wurde. Eine Schwester band ihm eine Gummischürze um und schimpfte, weil er am vorherigen Abend den Rest der Schokolade gegessen und dabei das Krankenhausbett beschmutzt hatte. Der Junge wurde unter eine Lampe geschoben, einer großen Blume ähnlich, dachte er. Die Stuhllehne wurde etwas nach hinten gekippt, die Hände wurden an der Seite in Schlaufen fixiert. Das Kind dachte daran, was ihm der Vater als Erinnerung aus dem Krieg gesagt hatte, man müsse dem Schmerz entgegengehen, nicht vor ihm weglaufen, man müsse den Schmerz annehmen und gegen ihn ankämpfen, dann sei der Schmerz, auch wenn er groß sei, besser zu ertragen. Der Schmerz war dann aber gar nicht so groß, sondern weit unangenehmer die Maske, die ihn verhindern sollte. Sie wurde ihm auf das Gesicht gedrückt, auf Mund und Nase, mit dem Befehl, und die Sprache war damals voller knapper Befehle, einatmen, zählen. Das Kind glaubte zu ersticken,

wollte sich in einem Reflex die Maske vom Gesicht rei-
ßen, konnte aber die Hände nicht rühren. Es begann
zu zählen, und beim Zählen hatte es das Gefühl, in ein
tiefes Dunkel hinabzusteigen, so viel dunkler als in den
Fieberträumen, wo es immer ein Licht gab. Es stieg hi-
nab, weiter und weiter, bei der Zahl fünf oder sechs
oder sieben oder acht war etwas Riesiges über ihm, etwas Stahlglänzendes, ein Schnabel, ein glänzender Vo-
gel, der mit seinem Stahlschnabel die Zahlen pickend
begleitete.

Das Kind wachte benommen auf, als es durch
den Gang geschoben wurde. Mit dem Befehl, aus
dem Stuhl zu steigen und sich ins Bett zu legen, verschwand die Schwester. Kam später mit einer Schale
mit Eisstücken zurück, die der Junge lutschen sollte,
und einer Kompresse, die er an den Hals legen musste.
Eine gebogene Schale sollte er halten und dort hinein
das Blut spucken. Der Junge hörte die Stimmen der
beiden Männer, die mit ihm im Zimmer lagen. Ein
Zöllner und ein Lagerverwalter. Er hörte sie lachen
und reden, als wäre er nicht im Zimmer oder so benommen, dass er nichts hörte. Sie erzählten Witze, die
der Junge verstand und nicht verstand, wie auch die
Geschichten über Frauen.

Das Kind konzentrierte sich, wie der Vater gesagt
hatte, auf den Schmerz, das und der Gedanke an die
Eiszapfen waren eine Hilfe.

Gibt es eine Geschichte des Schmerzes? Wird der Grundschmerz in allen Kulturen gleich empfunden? Unterschiede zwischen dem seelischen und dem körperlichen Schmerz? Gibt es – und wenn ja, welche – Kodes für Schmerzäußerungen? Zusammengebissene Zähne? Modulationen im Schrei? Das waren spätere Fragen, als ich versuchte, über das Glück der Tränen zu schreiben.

Was mich als Kind tief berührte, war, dass Pferde keine Stimme für ihren Schmerz haben. Sie leiden stumm. Das Pferd eines Gepäckwagens, das sich in Coburg beim Sturz auf das Kopfsteinpflaster ein Bein gebrochen hatte, versuchte trotz des Geschirrs wiederaufzustehen, das linke vordere Bein lag abgewinkelt auf dem Pflaster, das Pferd versuchte nochmals hochzukommen, sicherlich unter großen Schmerzen, blieb dann liegen, hob immer wieder den Kopf, bis ein deutscher Soldat es erschoss. Vielleicht ist es auch dieses Detail in Picassos Bild *Guernica*, das ein grenzenloses Entsetzen über die Bombardierung der Stadt auszudrücken vermag, das aufgerissene Maul des Pferdekopfs – ein stummer Schrei.

An die Krankheit des einen Mannes, des Zöllners, erinnere ich mich recht genau. Wir lagen mit den Fußenden der Betten zueinander, konnten uns mit hochgestellten Kissen sehen. Der andere Mann, von Beruf Lagerverwalter, lag seitlich etwas entfernt von mir.

Beide Männer waren, so vermute ich aus der kindlichen Erinnerung, um die vierzig Jahre alt. Die Männer mussten sich quer durch das Zimmer miteinander unterhalten. Sie hatten gefragt, ob der Zöllner mit mir tauschen dürfe und sie nebeneinanderliegen könnten. Das wurde, ich weiß nicht, mit welcher Begründung, von der Stationsschwester abgelehnt. So konnte ich in den nächsten beiden Tagen all die diagonal durch den Raum geführten Gespräche verfolgen, wurde Zeuge ihrer Probleme mit Vorgesetzten, mit Freunden und immer wieder, und das vor allem, mit früheren und den gegenwärtigen Frauen, der Lagerverwalter war verheiratet, der Zöllner lebte von seiner Frau getrennt, hatte aber eine Freundin. Die Freundin und seine Mutter besuchten den Zöllner schon am frühen Nachmittag. Das verstieß gegen die Besuchszeit, wurde aber bei ihm geduldet. Auch das bringt die Erinnerung nahe – die Freundin hatte ein schweres, süßliches Parfum, das den Krankenhausgeruch überdeckte. Nuttenbenzin, sagte der Lagerverwalter, nachdem der Zöllner mit ihr aus dem Zimmer gegangen war. Ich mochte den Geruch. Ich lernte die Vorlieben der beiden Männer kennen, das Skatspiel, den Fußball, das Fischen und die Liebschaften. Ich lag da, wie vergessen. Keineswegs böswillig wurde ich hin und wieder mit einem eher aufmunternden Wort bedacht: Na wird doch?

Ich hatte noch nie Erwachsene so reden hören. Die Vor- und Nachteile des Präservativs. Die Launen der Frauen, wenn sie ihre Tage haben. Die Gemeinheiten der Vorgesetzten. Die Hinterhältigkeit von Kollegen. Der Zöllner hatte eine Geschwulst im Kehlkopf. Und ich hörte erstmals bewusst das Wort Krebs. Ich kannte das Wort Herzinfarkt durch den Vater, aber das Wort Krebs war mir neu. Ich hörte es nicht von ihm, dem Zöllner, sondern, als er zu einer Untersuchung weggebracht worden war, von meinem Bettnachbarn, der sich mit der Krankenschwester unterhielt. Das Wort kam in den sonstigen Gesprächen nicht vor, nicht, wenn die Mutter des Zöllners zu Besuch kam, nicht, wenn dessen Freundin kam. Die Freundin lachte viel und laut, und ich dachte, dass sie, so munter, nicht ihre Tage haben konnte. Die Mutter, deren graues Haar zu einem Knoten gebunden war, brachte ihm Apfelmus mit, das er, obwohl noch nicht operiert, nicht essen konnte oder durfte. Er schenkte es, nachdem die Mutter gegangen war, mir. Auch ich konnte es nicht essen, obwohl ich Hunger hatte. Es löste ein heftiges Brennen im Rachen und beim Schlucken aus.

Das wird schon wieder, war die Formel der Mutter, die sie sowohl in meine als auch in Richtung ihres Sohnes sagte. Es war noch nicht entschieden, wann und ob er überhaupt operiert werden sollte. Als er wieder zu einer Untersuchung geholt wurde, erzählte mir der Lagerverwalter, der im Krieg Sanitäter gewesen war, im Lazarett habe es für Operationen drei Kategorien von Verwundeten gegeben. Leicht Verwundete, deren baldige Fronttauglichkeit wahrscheinlich war, wurden als Erstes operiert. Dann die schwerer Verwundeten und ganz zum Schluss die sehr schweren, eher hoffnungslosen Fälle. Dass die bei dem so lange überlegen, sagte er, ist kein gutes Zeichen. Es erschien mir fürchterlich, dass gerade diejenigen mit den größten Schmerzen und den schwersten Verwundungen, also mit der geringsten Hoffnung auf ein Überleben, am längsten warten mussten. Sollte es nicht umgekehrt sein?

Dann kam der Zöllner, er hatte noch eine Zigarette im Aufenthaltsraum geraucht, was man damals noch durfte, und erzählte einen Witz. Und die beiden Männer lachten.

Ich spürte, der Mann hatte Schmerzen. Und ich denke heute, es war ein Trost, dass er in diesem Zimmer, das eigentlich ein Vierbettzimmer war, jemanden fand, mit dem er reden konnte, mit dem er auf höchst indirekte Weise über seine Angst und seinen Schmerz sprach, auch in den Witzen, die sicherlich derb waren, ich kann mich an keinen erinnern, nur an mein Staunen und Halbverstehen. Das Krankenzimmer war in dieser Belegung wie ein sozialer Schutz.

Besonders blieb das Wort *hoffnungslos* in der Erinnerung. Und ebenso, wenn auch nicht in Worte oder gar Begriffe fassbar, das Erleben von Angst, Schmerz und Hoffnung bei mir selbst und den anderen.

Sie sind wie Zwillinge, die Angst und die Hoffnung. Beiden gemeinsam ist, dass sie auf die Zukunft gerichtet sind und oft auch zusammen auftreten, mit einer jeweils konträren Befindlichkeit, dunkel, ja schwarz getönt die eine, eher hell und einem Wärmestrom gleich die andere, abwechselnd, zuweilen sich überlagernd mit feinen Nuancen. Beide bringen uns unserem Selbst nahe. Begleiten uns als Sorge im Alltag, fast unbemerkt, treten aber fordernd in der Krankheit hervor. Gesundheit ist vorhanden – wir bemerken sie nicht. Allenfalls als bewusste Freude an der Bewegung, beim Gehen, Laufen, Schwimmen, ansonsten begleitet sie uns unbemerkt. Sie ist, wenn man nicht hungert oder drangsaliert wird, Lebenslust. Wir sind in ihr, und nur auf dem floskelhaften *Mir geht es gut* liegt wie ein Schatten dieses *Es könnte auch anders sein.* Und in jeder Depression wirft der Tod seinen Schatten voraus. Wenn ein Mangel in der Gesundheit auftritt und sich durch Schwäche, Schwindel, Schmerz oder in psychischem Leiden als Krankheit bemerkbar macht, wird er von der dunklen Ahnung begleitet, dieser Krankheit könnte eine andere, schwerere folgen, an deren Ende der Tod steht. Die Kunst der

Ärzte ist die Wiederherstellung des alten, der jeweiligen Lebenszeit gemäßen Zustandes. Daraus hat Ernst Bloch gefolgert, dass die ärztliche Kunst, weil an die Wiederherstellung gebunden, restaurativ sei und daher keine Utopie habe entwickeln können.

Seit gut drei Jahrzehnten wagt sich die Medizin darüber hinaus. Die medizinische Forschung hat inzwischen eine derart dynamische Entwicklung genommen, dass sie, ähnlich der Informatik, die Utopie regelrecht gepachtet zu haben scheint. Ihr Ziel ist nicht allein der wieder gesundete, wiederhergestellte, sondern auch der ausgebesserte und verbesserte Mensch. Die Medizin und die Biologie haben nicht nur in Silicon Valley die beiden Ur-Wünsche des Menschen als Forschungsziel deklariert: jung bleiben und lange leben. Mehr noch ist von der Abschaffung des Todes die Rede.

Schon heute gibt es die Möglichkeit, den als falsch empfundenen Körper zu verlassen und sich in einen anderen zu verwandeln. Die Hormontherapie und Chirurgie können beispielsweise der Ausprägung nach intersexuellen Menschen, wenn gewünscht, zur Eindeutigkeit verhelfen. Vor vierzig Jahren hat der Zoologe Gerhard Neuweiler am Beispiel der Fledermäuse die Ambivalenz sexueller Ausrichtung nachgewiesen. Die Natur ist nicht derart festgelegt, wie die Normen der Gesellschaft es glauben machen wollen.

In einer sich damals daraus entwickelnden politischen Diskussion klang noch Empörung durch: Diese Fledermaus-These sei nicht auf Menschen übertragbar. Und das Wort widernatürlich war noch für eine andere Sexualität als die zwischen Mann und Frau ganz geläufig.

Es sind die gewünschten Korrekturen und Verbesserungen – und wer wünscht sich als alternder Mensch nicht, schmerzfrei zu gehen? –, die sowohl die Forschung als auch die Medizinkonzerne antreiben. Die Verlängerung des Lebens als Ziel ärztlicher Wissenschaft wird inzwischen durch eine optimale Medizintechnik ermöglicht: durch verfeinerte Diagnostik, durch personalisierte Medikamenttherapien und durch computergesteuerte Operationsmethoden. Ein schadhafter Körper kann mit neuen Knie- und Hüftgelenken, Prothesen, auch Viagra ist eine Prothese, mit Zahnimplantaten, gar Schweineherzklappen ausgestattet, ja repariert werden. Allerdings ist im Kapitalismus mehreres ineinander verschränkt: Hilfe, Heilung und maximaler Profit. Die plastische Chirurgie hat ein breites Angebot: die Straffung der Gesichtshaut, die Verkleinerung der Nase und die Verlängerung des Penis. Ein lukrativer Markt. In der Regierungszeit von Berlusconi mit den ihm gehörenden Fernsehsendern, in denen die makellosen jungen Frauen auftraten, wünschten sich laut Befragungen sechzig

Prozent der jungen Mädchen in Italien zum achtzehnten Geburtstag eine Nasenkorrektur und vierzig Prozent eine Korrektur der Brüste. Diese Entwicklung ist inzwischen, auch durch zahlreiche Materialfehler bei Brustimplantaten, zurückgegangen, dennoch prosperiert die Schönheitsindustrie des Skalpells, begleitet von profitbringenden Tinkturen und Cremes.

Womöglich ist bald nicht mehr das Skalpell des Chirurgen, sondern die Gen-Schere (CR/SPR/Cas-System) das angesagte Instrument. Das Designer-Baby mit blauen Augen wird vielleicht möglich sein. Und es gibt auch diese märchenhafte Vision: Durch das Klonen könnte man seinen Partner oder seine Partnerin gleich in verschiedenen Lebensaltern neben sich haben – wenn denn die Lebenserwartung wie geschätzt bald auf hundertdreißig Jahre angewachsen ist. Das naheliegende, technisch schon mögliche, aber ethisch bedenkliche Ziel ist: durch genetische Manipulationen mit einem Laboreingriff schwere Erbkrankheiten und Behinderungen in der DNA auszuschalten. Die Eugeniker und Euthanasieärzte bedienten sich dafür noch der Sterilisation und des Mordes.

Angesichts dieser Möglichkeiten, in die Genome einzugreifen, wird in Science-Slams die Diskussion um eine Weiterentwicklung des Menschen wieder virulent. Die Verbesserung, die Höherbildung des Menschen. Über Jahrtausende sind durch Züchtungen von Haus- und Nutztieren die stärksten Bullen, die schnellsten Pferde, die fettesten Schweine entstanden. Diesen Zuchtgedanken auf die Menschen zu übertragen, war schon vor der Naziherrschaft verbreitet. Thomas Morus empfiehlt in *Utopia* eine genaue körperliche Schau bei der Partnerwahl. *Wenn es sich aber um die Wahl einer Gattin handelt – und die Wahl entscheidet über lebenslange Lust oder lebenslangen Ekel – gehen sie* (die Nicht-Utopier) *so nachlässig vor, die ganze Frau nach einem Stück Haut zu beurteilen, das kaum der Größe einer Hand entspricht – denn abgesehen vom Gesicht ist ja nichts sichtbar.* Die Utopier wollen die Frauen vor der Eheschließung nackt sehen, schließlich, so der Vergleich, denkt man nicht daran, ein *Pferd zu kaufen,* ohne die *Pferdedecke* abzunehmen. Frauen haben das Nachsehen: Der Entkleidungszwang gilt nicht für Männer.

In Tommaso Campanellas autoritär klerikalem *Sonnenstaat, La Città del Sole,* 1623, wird die menschliche Paarung, ebenfalls wie bei Pferden, nach Anschauung der potenziellen Erbmasse ausgerichtet.

Die Eugenik, ein von dem englischen Anthropologen Sir Francis Galton 1869 eingeführter Begriff, wollte die Verbesserung der menschlichen Rasse erreichen und fand bei den Naziideologen einen fruchtbaren Boden mit ihrer bizarren Züchtungsidee eines arischen Herrenmenschen.

Dass sich so viele Mediziner in den Dienst der Eugenik und Euthanasie stellten, erklärt Ernst Bloch mit der Utopieferne der Medizin. *So können die Eingriffe und Veränderungen noch so kühn sein, das Ziel selbst ist im Bewusstsein der meisten Ärzte stationär: eben Wiederherstellung des status quo ante. Daher denn die Ärzte dem faschistischen Blut- und Bodenruf oft viel leichter verfielen als andere, weniger restaurierende Berufe.*

Ich glaube, dass nicht so sehr der restaurative Charakter der Medizin der wesentliche Grund für die Eugenik und Euthanasie war. Die Ärzte, die Leben bewahren, also im guten Sinn restaurativ handeln sollten, waren wissenschaftlich verblendet durch die Annahme, das eigene Tun, also das schwächliche Leben zu erhalten, stehe im Widerstreit zu dem ersten Glaubensparagraphen der darwinschen Evolutionslehre – der Auslese. Der Anfang des 20. Jahrhunderts sich auf Darwin berufende Glaube war, der Zivilisationsprozess mit seinen wissenschaftlichen Erfolgen könne das Naturgesetz der Selektion außer Kraft setzen. Immer mehr körperliche und geistige Schäden würden vererbt. Die Gesellschaft werde degenerieren. Das Kranke, Schwächliche müsse *ausgejätet* werden. Mitleid war im Zuge dieser wissenschaftlichen Erkenntnis verboten. Wie Charles Darwin sagt: *Ein wissenschaftlicher Mann sollte keine Wünsche haben, keine Ge-*

fühle – nichts als ein Herz aus Stein. Zugleich wurde, so die damalige Vorstellung, durch die fehlende Auslese die Weiter- und Höherentwicklung gebremst, die Steigerung des Lebens verhindert, da Zarathustra doch auf den höchsten Gipfeln herumklettert und den Übermenschen sucht. Das ist die Tradition der Nietzsche-Lektüre, wobei man den Philosophen für seine Leser und Deuter nicht haftbar machen kann oder doch nur so weit, dass er ein philosophisches Muster vorgelegt hat: Gott ist tot, also muss der Mensch eine Antwort geben, die ihn in seiner Halbheit übersteigt, hin zum Übermenschen. Auch das kann eine Form der Utopie sein.

All die Halbgötter im weißen Kittel, die Herren über Leben und Tod waren und darüber entschieden, was lebenswert oder unwert war, wer vergast, wer durch welche Luminalspritze getötet werden oder für Zwangsarbeit am Leben bleiben sollte, waren nicht gezwungen, ihrer Mordarbeit nachzugehen, sie taten es freiwillig und aus Überzeugung, sie wollten den Volkskörper vor der Degeneration – und das hieß zum Erhalt der Wehr- und Gebärtüchtigkeit – schützen. Der Glaube, die Wissenschaft könne aus sich heraus ihre moralische Verantwortung generieren, ist ein Aberglaube. Euthanasieärzte arbeiteten, bis sie durch die Amerikaner, Engländer oder Russen daran gehindert wurden, auch nach der Kapitulation weiter und brachten immer noch Menschen um. Die Eugeniker und Rassenhygieniker, deren Utopie eine Höherentwicklung des Menschen war, wie Alfred Ploetz, Fritz Lenz, Ernst Rüdin, hatten Nietzsches *Zarathustra* im Bücherschrank. Es wäre aufschlussreich, diese Bibliotheken, wenn sie denn noch existierten, auf die Unterstreichungen hin zu untersuchen. Lebenssteigerung war ein Wort für das, was heute etwas feiner Transhumanismus genannt wird. Dazu ist nicht mehr ein umständliches, lang andauerndes, auch kindräuberisches Zuchtverfahren wie der Lebensborn nötig, es genügen Gen-Scheren. Dieser neuen gefeierten Entwicklung steht allerdings keine sie ideologisch befeuernde staatliche Macht zur Seite, dafür aber eine ebenso starke ökonomische, die Konzerne, deren Forschung sich auf Erkenntnisse über solche Anlagen und Krankheiten konzentriert, die durch Eingriffe in die Genome verhindert werden könnten. Die naturwissenschaftliche Forschung, das ist die Lehre aus dem Wirken der Eugeniker, muss politisch diskutiert und ethisch kontrolliert werden, auch in Hinblick auf das, was als Gesundheit verstanden wird. Die Gesundheit in der Zeit des Faschismus war auf Kriegstauglichkeit und Gebärfähigkeit ausgerichtet, die Gesundheit im Mittelalter auf die Glaubensfähigkeit, im Kapitalismus richtet sie sich auf die Erwerbs- und Wettbewerbsfähigkeit.

Insofern ist der selbstständige Roboter der ideale Arbeiter, er murrt nicht, streikt nicht, arbeitet Tag und Nacht und klagt nicht. Bei ihm muss nur hin und wieder ein elektronisches Teilchen ausgewechselt werden. Zudem trägt der Roboter dazu bei, den Traum von Thomas Morus und Étienne Cabet und all den anderen Sozialutopisten Wirklichkeit werden zu lassen: ein Weniger an Arbeit und – das vor allem – ein Mehr an freier Zeit, die eine Selbstverwirklichung des Menschen ermöglichen könnte.

Allerdings ist es nicht der Roboter, der dieses Mehr an Freizeit und Freiheit gewährt, er schafft nur die technischen Voraussetzungen, eingeklagt oder erkämpft werden muss dieses Mehr politisch, gewerkschaftlich. Ein solcher gesellschaftlicher Kampf schließt die Hoffnung ein, dass diese freie Zeit nicht wieder ins bloße Konsumieren umgeleitet, sondern emanzipativ sozial und kulturell genutzt wird.

Die beiden alles beherrschenden Wünsche sind: jung bleiben und lange leben.

Diese Wünsche werden in sich gebrochen, wenn nach der Erfüllung des Jungseins und des Langlebens gefragt wird. Ist es eine zeitliche Erweiterung für ein Mehr an Unterhaltung und Konsum? Oder wird ein solch verlängertes, von unnötigen körperlichen Schmerzen befreites Leben als eine Möglichkeit der Selbstverwirklichung gedacht, die sich mit einer gesellschaftlichen Verantwortung verbindet? Die Verantwortung hat ihren Grund in der Angst vor dem Tod, vor der Endlichkeit, erst diese Angst verleiht der Existenz ihre eigene Souveränität. Jede Entscheidung stellt sich unter dem Druck des Hier und Jetzt, sie ist unwiederholbar. Ein endloses Leben stellt die Unwiederholbarkeit infrage. Man könnte alles noch mal und anders machen.

An den chemischen Präparaten gegen die Angst vor dem Tod wird inzwischen geforscht. Ein lukratives Projekt der Pharmaindustrie wäre ein in Tablettenform verabreichtes Todesvergessen.

Die in den Feuilletons geführten Diskussionen zur künstlichen Intelligenz, inwiefern Roboter sich in ihrem System der ausgefeilten Algorithmen derart vermenschlichen lassen, kann mit der Vorstellung des von seiner Todesangst befreiten Menschen beantwortet werden – er ist der Roboter. Ein Roboter mit den Fähigkeiten zu denken, zu handeln, sich in Räumen frei zu bewegen, der in einer mechanischen Zeit des Jetzt, Jetzt, Jetzt lebt, vielleicht angstfrei, aber auch utopiefrei. Kennt die *KI* die Melancholie? Wäre für diese Gestimmtheit ein Algorithmus zu entwickeln? Oder für die Lust? Den Orgasmus? Langeweile? Den Konjunktiv? Auch für die Sehnsucht? Den Tod? Alles machbar?

Das wäre nicht einmal wünschenswert. Der seelische Schmerz, der dem Verlust, dem Versagen, der Verzweiflung wie auch dem tiefem Zweifel entspringt, wird bleiben. Denn das Leben ist nur durch den unbegreifbaren Tod ein Wunder.

So sind denn alle weit in die Zukunft reichenden Konzepte und Überlegungen in Silicon Valley ein elektronisches und gentechnisches Wolkenkuckucksheim, gerichtet gegen die auf mögliche Veränderung zielenden Arbeiten, die erfahrbaren, erlebbaren politischen, wissenschaftlichen, die auf eine konkrete Utopie ausgerichtet sind: Perfektion in der Erkenntniskonstruktion, Protest gegen jede Form des unnötigen Leids und unnötiger Gewalt. Aus dem existenziellen Kampf gegen den Tod erwächst eine heuristische Kraft. Die Verbesserungen sind nichts, wenn sie nicht auch gesellschaftlich gerecht verteilt sind. Das schließt auch das Wissen vom Leid in der Ferne ein.

Die Klassen in der Gesellschaft finden ihre Ausprägung in der Räumlichkeit der Krankhäuser. Thomas Morus beschreibt in *Utopia* die freundlich hellen Krankenhäuser für alle, in denen die Kranken es *vorzögen, lieber dort als zu Hause zu liegen.* Eine bis heute nicht eingelöste Utopie. Heilungen schreiten erwiesenermaßen schneller voran, wenn der Patient in einem Zimmer mit weiten Fenstern und dem Blick ins Grüne liegt als in normiert engen, kleinfenstrigen Zimmern. Es ist ein Unterschied, ob man in einem

Kellerloch mit Ratten stirbt oder mit dem Blick auf den Genfer See. Mag sein, dass das Sterben von dem einen als Erleichterung empfunden wird und vom anderen als schwerer, wehmütiger Abschied. Jedoch wäre es eine angemessene Forderung, den Einzelnen darüber bestimmen zu lassen und nicht sein Bankkonto. Die Gleichheit im Sterben ist eine noch sehr ferne utopische Forderung, aber doch näher als die Abschaffung des Todes. Der Kampf gegen Schmerz, zumal gegen den vom Menschen dem Menschen zugefügten, gegen die Folter, ebenso wie der Kampf gegen den unnötigen Tod wegen fehlender medizinischer Versorgung oder gar wegen Kriegen ist die existenzielle Utopie. Aus ihr ließe sich eine Moral ableiten, die auf das Jenseits und die Religion verzichten kann.

Eine der großen wissenschaftlich-technischen Errungenschaften der Medizin ist, dass sie einen jahrtausendealten Wunsch nach körperlicher Schmerzlosigkeit erfüllen kann. Die heute praktizierte Anästhesie wurde in den Fünfzigerjahren entwickelt, die erste Narkose 1846 in Boston durchgeführt, davor gab es über Jahrtausende nur unerträgliche, fürchterliche Schmerzen bei Amputationen, Trepanationen, dem Entfernen von Kugeln, Splittern, Zähnen oder Nierensteinen.

Die Berichte über Schmerzen, die Nierensteine

verursachen, füllen die Literatur der Jahrhunderte. Sie werden als unerträglich beschrieben, da half keine Tapferkeit. Operationen mussten bei vollem Bewusstsein an dem Patienten ausgeführt werden. Eine Vorstellung davon gibt uns die bildliche Darstellung eines Steinreliefs aus Tilman Riemenschneiders Schule am Grabdenkmal Kaiser Heinrichs II. in Bamberg. Abgebildet ist der kranke, nackt im Bett liegende Kaiser, auch im Krankenbett trägt er die Krone, gezeigt wird der entfernte Nierenstein und das chirurgische Messer, mit dem der heilige Benedikt den Stein aus dem Leib geschnitten hat, schmerzfrei, im Schlaf des Patienten – wie als Vorahnung der Anästhesie. Damals war es, wenn der Patient den Eingriff überlebte, ein Wunder, daher zeigt der Bildhauer auch den nicht mitwirkenden Arzt schlafend. Die Denkwürdigkeit dieses Steins zeugt von dem Schmerz und von dessen Erlösung. Schmerzlosigkeit war ein inniger, intensiver, utopischer Wunsch, Gegenstand von Gebeten, von Handauflegen, Besprechen. Kleine stilisierte silberne Körperteile zeugen davon als Devotionalien in den katholischen Kirchen. Allerdings bestimmte deren Religion den Schmerz als Strafe für den Sündenfall.

Heute ist die Schmerzfreiheit eine selbstverständliche Erwartung an die Medizin, wobei das Selbstverständliche erst seit gut drei Jahrzehnten ein solches ist. Bei meinem ersten Zahnarztbesuch in den frühen Fünfzigerjahren bohrte der freundliche Herr Podszus mit dem Hinweis, er müsse mir jetzt leider sehr wehtun, an meinem Backenzahn. Die Schmerzen waren unerträglich, auch der väterliche Hinweis, man müsse ihnen entgegengehen, sie annehmen, fiel bei den Zähnen besonders schwer. Das war kein heroischer, sondern ein punktueller kleiner fieser höllischer Schmerz. Ein derart quälend unerträglicher Schmerz kann so weit führen, dass ein Schuhmacher, wie mir meine frühere Zahnärztin Ursula Dittmann erzählte, nachts in seiner Verzweiflung versucht hatte, sich mit einer Schusterzange den eigenen Zahn zu ziehen. Der Zahn war abgebrochen, und nun stand der Mann vor der Zahnärztin. Meine jetzige Zahnärztin – man merkt, ich habe Probleme mit den Zähnen – betupft mit kleinen, zarten Händen die Stelle mit einem Mittel, sticht dann mit der Nadel hinein und weder der Stich noch die Extraktion des Zahnnervs ist zu spüren. Vor hundert Jahren, selbst noch vor siebzig Jahren, ich kann mich daran erinnern, war eine schmerzfreie Zahnbehandlung eine utopische Vorstellung.

Vor sechs Jahren hatte ich eine Operation an der Schilddrüse, wobei erst der rechte und eine Woche später auch der linke Schilddrüsenlappen herausoperiert werden musste. Ich lag in einem Zimmer des Starnberger Krankenhauses mit Blick in eine durchsonnte Baumkrone. Eine freundliche, wunderbar Bairisch sprechende Schwester legte mir an der Hand einen Zugang, ein Krankenpfleger, ein Nigerianer, kam und holte mich auf einem fahrbaren Bett, schob mich durch die Gänge, während wir uns über Chinua Achebe und seinen Roman *Things Fall Apart* unterhielten. Im Vorraum wurde ich mit einem Tropf verbunden. Eine junge Ärztin sagte, gleich schlafen Sie – Licht. Helligkeit. Weiß. Und dazwischen war nichts, kein Stahlvogel, der im Hals pickte. Dazwischen – ein fühlloses Nichts. Wie vor der Geburt, wie – wahrscheinlich – nach dem Tod. Jetzt aber sah ich einen bärtigen Arzt im Kittel, der mich fragte, haben Sie Schmerzen? Auf einer Skala von eins bis zehn? Bei der ersten Operation hatte ich, immer noch den preußischen Vater im Kopf, dem Schmerz muss man entgegengehen, kämpfen und so weiter, zwei gesagt. Natürlich tat es weh. Meine Tochter, eine Ärztin, sagte mir vor der späteren zweiten Operation, als auch der linke Schilddrüsenlappen entfernt werden sollte, den schönen Satz: Unsinn, Schmerzen müssen nicht mehr sein. Und in diesem *nicht mehr* liegen all die Schmerzen der Vergangenheit begraben. Und ich sagte in das bärtige Gesicht, das sich über mich beugte: Acht. Und er sagte: Gut. Opiat.

Ich spürte nichts, im Gegenteil, ich kann es nicht

anders sagen, ich war fidel. Ich wurde von dem Nigerianer wieder durch die Gänge geschoben. Ich war glücklich. So wurde der Schmerz zum Selbstgenuss. Ein durch Jahrzehnte Arbeit und Forschung erreichter staunenswerter Zustand, der uns, meiner Generation als der ersten, die seit Anfang allen Lebens ersehnte weitgehende Erlösung vom körperlichen Schmerz geschenkt hat. In diesem Gelingen liegt die Aufforderung, den anderen Schmerz, den unnötigen, des Hungers, der Armut, der sozialen Erniedrigung und Unterdrückung zu beheben, damit die Erde für alle *Heimat* sein kann.

Anmerkungen

Der Verrückte in den Dünen
Hier soll auf den glänzenden Essay von Michael Stolleis hinge-
wiesen werden, in dem die Geschichte von Carlos Gesell und
die Theorie des Freigelds Silvio Gesells mit dem Roman *Don
Quijote* von Miguel de Cervantes in Verbindung gebracht wird.
Michael Stolleis: *Die Wunschinsel Barataria. Sancho Panza
und die Kunst des Regierens.* Zeitschrift für Ideengeschichte,
Heft V/I, 2011, S. 61–75.

Reise nach Paraguay 1984 erschien in dem von Armin Kerker
herausgegebenen Band *Im Schatten der Paläste.* Frankfurt am
Main 1987, S. 105–118.

Der Turmbau zu Babel
Festrede zum 40. Jahrestag der Gründung des Europäischen
Übersetzer-Kollegiums Straelen, 20. November 2018.

Komm, ins Offene, Freund! ist der Erzählung *Der Freund
und der Fremde* entnommen. Erschienen bei Kiepenheuer &
Witsch, Köln 2005.

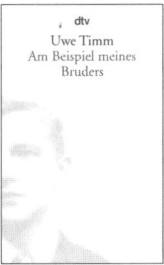